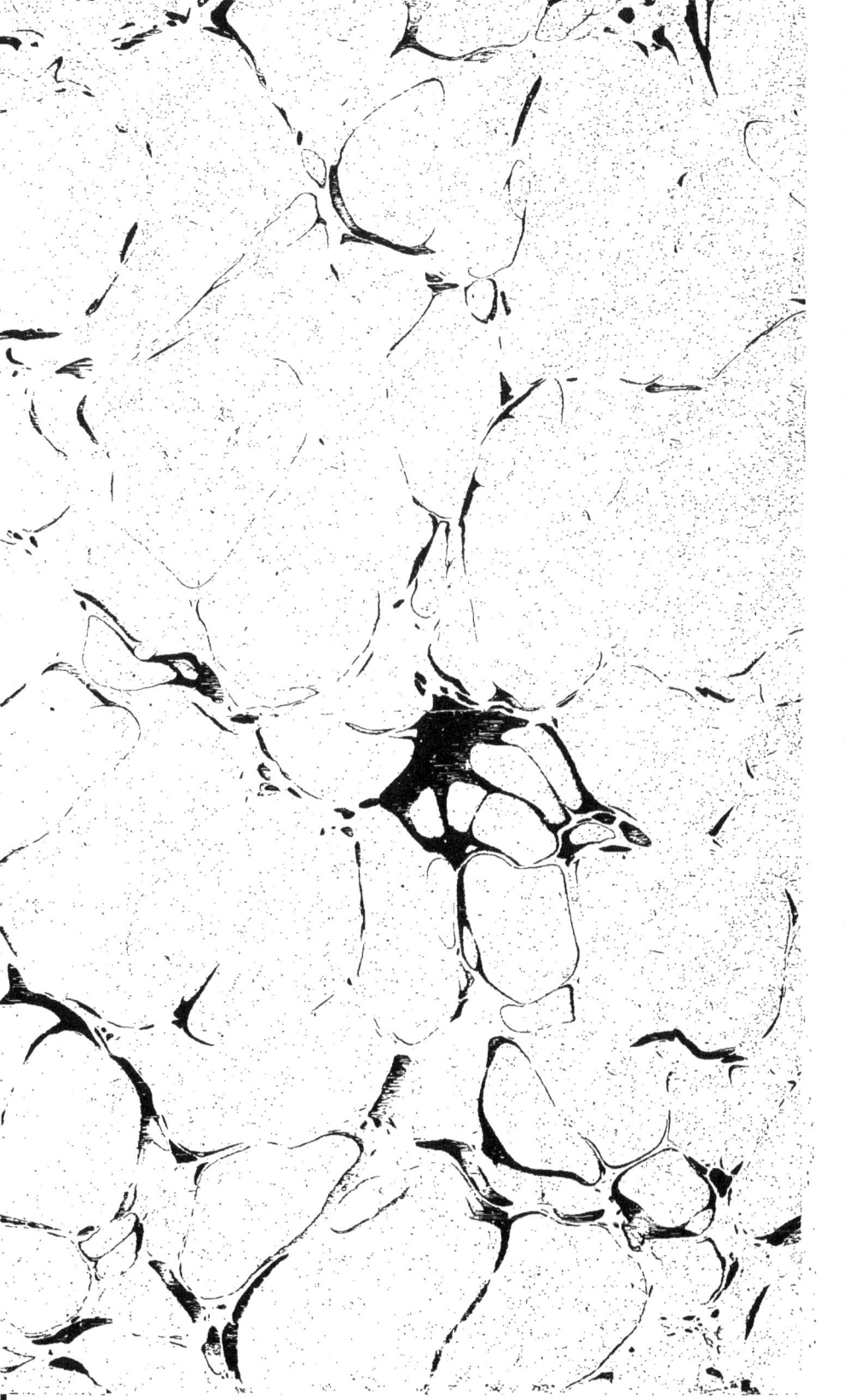

FÉNELON

FÉNELON

LES GRANDS ÉCRIVAINS FRANÇAIS

FÉNELON

PAR

PAUL JANET

DE L'INSTITUT

PARIS
LIBRAIRIE HACHETTE ET C
79, BOULEVARD SAINT-GERMAIN

LES GRANDS ÉCRIVAINS FRANÇAIS

FÉNELON

PAR

PAUL JANET

DE L'INSTITUT

PARIS
LIBRAIRIE HACHETTE ET Cie
79, BOULEVARD SAINT-GERMAIN, 79
—
1892
Droits de traduction et de reproduction réservés.

FÉNELON

CHAPITRE I

LA JEUNESSE DE FÉNELON

« Ce prélat était un grand homme maigre, bien fait, avec un grand nez, des yeux dont le feu et l'esprit sortaient comme un torrent et une physionomie telle que je n'en ai point vu qui y ressemblât et qui ne se pouvait oublier quand on ne l'aurait vue qu'une fois. Elle rassemblait tout et les contraires ne s'y combattaient point. Elle avait de la gravité et de la galanterie, du sérieux et de la gaieté; elle sentait également le docteur, l'évêque et le grand seigneur : ce qui y surnageait ainsi que dans toute sa personne, c'était la pensée, l'esprit, les grâces, la décence et surtout la noblesse. Il fallait faire effort pour cesser de le regarder. »

Ainsi parle Saint-Simon de l'illustre personnage dont nous allons raconter l'histoire et analyser les écrits. On peut dire que la vie et le caractère de

Fénelon, et son génie même répondaient à son portrait extérieur; tout y était réuni et concilié; les contraires ne s'y combattaient pas. Antique et moderne, chrétien et profane, mystique et politique, familier et noble, doux et entêté, naturel et subtil, séduisant le xviiie siècle comme il avait séduit le xviie, croyant comme un enfant et hardi comme Spinoza, Fénelon est une des figures les plus originales qu'ait produites l'Église catholique. Il nous faudra étudier successivement les diverses faces de cette riche nature. Commençons par l'histoire de sa famille.

François de Salignac de la Mothe-Fénelon naquit au château de Fénelon dans le Périgord, le 6 août 1651. Sa famille était ancienne et s'était illustrée dans les armes et dans la diplomatie. Un de ses arrière-grands-oncles, Bertrand Salignac de Fénelon, avait été au siège de Metz avec le duc de Guise, et il a même laissé un journal manuscrit de ce siège. Plus tard, ambassadeur de la cour de France auprès d'Élisabeth, il fut invité par le roi à expliquer et sans doute à justifier la Saint-Barthélemy. On prétend qu'il répondit fièrement : « Adressez-vous, sire, à ceux qui l'ont conseillée ». Le père de Fénelon appartenait à la branche cadette de cette famille. Il fut marié deux fois; et c'est du second mariage que naquit notre auteur. Il avait des frères du premier lit : le fils de l'un d'eux, le neveu de Fénelon, connu sous le nom de *Fanfan*, devint pour lui comme un fils, après avoir perdu son père.

De même notre Fénelon, ayant aussi perdu son père de bonne heure, était devenu un fils pour son oncle, le marquis de Fénelon, qui s'occupa de son éducation.

Il passa sa première jeunesse dans le château paternel jusqu'à l'âge de douze ans, à cause de la délicatesse de sa santé. On nous dit peu de chose de cette première éducation, sinon qu'elle fut chrétienne; mais on peut conjecturer aussi qu'elle fut nourrie de littérature classique et d'antiquité. A douze ans, on l'envoya à l'université de Cahors, où il acheva ses études d'humanités et de philosophie.

On ne nous dit pas à quelle époque Fénelon perdit son père; mais nous savons que dès son arrivée à Paris il fut sous la tutelle de son oncle, le marquis de Fénelon, gentilhomme plein d'honneur et de piété, qui, ayant perdu son fils au siège de Candie, reporta sur son neveu l'affection dont ce fils avait été l'objet jusque-là. Le marquis de Fénelon était intimement lié avec le fondateur de la congrégation de Saint-Sulpice, M. Olier, qui était son directeur. C'est par ses conseils qu'il fit entrer son neveu au séminaire de Saint-Sulpice. Nous voudrions plus de détails que les biographes de Fénelon ne nous en ont laissé sur les origines de sa vocation ecclésiastique. Les premiers mouvements d'une âme si noble et d'une imagination si brillante auraient pour nous un charme et un intérêt dont nous devons nous priver. Ce quelque chose de mondain, de terrestre, d'un peu païen qui s'est mêlé, dans Fénelon, à la piété la plus vive, n'a-t-il pas paru dans la jeunesse? N'a-t-on pas été inquiet de ces grâces si délicates et si séduisantes? A-t-il demandé lui-même à se purifier par la religion, par le renoncement, par le sacrifice à Dieu? ou bien a-t-il été tout simplement placé là par l'orgueil de la famille qui fondait sur sa tête les plus grandes espérances mondaines dans l'état ecclésiastique? Nous n'en savons rien; mais ce que nous savons, c'est que pas l'ombre d'un regret, d'une incertitude, d'un regard en arrière, ne se laisse apercevoir dans tout ce qu'a écrit, pensé et senti le futur archevêque de Cambrai. Heureux temps où l'on pouvait avoir tant d'esprit, peindre si vivement les brûlantes amours d'Eucharis, converser si délicatement sur l'éducation des filles, jouir des beautés païennes avec tant de candeur, se mêler à la politique et toucher à la plus haute faveur de la cour, sans que rien de tout cela ne nuisît à la foi, à l'amour de Dieu, à la mysticité la plus élevée. Tout semble nous induire à penser que ce fut une vraie vocation, une piété naturelle qui amena Fénelon au pied des autels. Il fut donc prêtre, et s'il nous séduit singulièrement par le mélange de la nature et de la grâce qui le caractérise, personne n'a le droit de dire que ce soit aux dépens de son autorité chrétienne et de sa sincérité religieuse.

Fénelon entra donc à Saint-Sulpice et y fit toutes ses études théologiques sous la direction de M. Tronson, pour lequel il eut toujours la plus entière confiance et le plus profond dévouement. Il reçut les ordres sacrés vers l'âge de vingt-quatre ans. Il avait eu le temps de mûrir cette résolution; et l'on peut dire qu'un tel âge est la garantie de la sincérité et du sérieux qu'il mit dans cette affaire. Cependant le tour romanesque qui distingue l'imagination de Fénelon ne pouvait pas ne pas éclater dans sa jeunesse; et il se manifesta dès ce temps, non par des goûts contraires à sa vocation pieuse, mais par une sorte d'exaltation qui lui faisait désirer les entreprises les plus aventureuses. C'est ainsi qu'on le voit un instant se prendre d'enthousiasme pour une mission en Asie Mineure et dans le Levant, et surtout en Grèce, où il rêve d'aller catéchiser les tristes victimes chrétiennes de la barbarie et de la tyrannie des Turcs. Les souvenirs sacrés et profanes se pressent sous sa plume, et il se laisse aller dans une lettre dont on ne connaît pas le destinataire (15 oct. 1675) à toute l'ardeur d'une généreuse jeunesse. « Je pars, monseigneur, et peu s'en faut que je ne vole; mais je médite un plus grand voyage. La Grèce entière s'ouvre à moi, le sultan effrayé recule; le Péloponèse respire en liberté, et l'église de Corinthe va refleurir.... Je cherche cet aréopage où saint Paul annonça aux sages du monde le dieu inconnu; mais le profane vient après le sacré, et je ne dédaigne pas de descendre au Pirée, où Socrate fait le plan de sa République. Je monte au double sommet du Parnasse; je cueille les lauriers de Delphes et je goûte les délices de Tempé. Je ne t'oublierai pas, ô île consacrée par les célestes visions du disciple bien-aimé, ô heureuse Pathmos! J'irai baiser sur la terre les pas de l'Apôtre et je croirai voir les cieux ouverts[1]! »

On ne peut méconnaître dans cette belle lettre et dans ces ambitions de missionnaire, une sorte de bouillonnement de vie juvénile et ardente que les obligations régulières de la vie ecclésiastique ne satisfaisaient pas complètement. Même ce curieux mélange d'un double enthousiasme, à la fois sacré et profane, n'indiquait-il pas déjà dans cette nature exquise et surfine cet élément de romanesque et de poésie, que nous retrouverons dans l'écrivain?

On aimerait à croire, avec le cardinal de Bausset, que ce fut également notre Fénelon qui, plein, dans sa jeunesse, d'une sainte ardeur du martyre, avait formé la téméraire résolution de se consacrer aux missions du Canada. Une lettre de M. Tronson à l'évêque de Sarlat, oncle de Fénelon, nous fait connaître cette résolution que l'évêque désapprouvait. Mais les éditeurs de la Correspondance[2] nous paraissent avoir établi que la lettre de l'abbé Tronson relative à cette affaire visait non pas Fénelon lui-même, qui à la date de cette lettre n'avait que quinze ans et demi, mais son frère aîné, sulpicien comme lui, qui est en effet parti pour le Canada en 1667 (date de la lettre), et qui y est mort en 1679.

1. *Correspondance*, t. II, p. 290.
2. *Ibid.*, p. 287.

Il ne peut donc pas être question de notre Fénelon ; mais ce fait même prouve qu'il y avait dans la famille un tour d'imagination romanesque et aventureuse, et que la piété s'y joignait à la poésie.

Cependant le moment était venu de passer du rêve à l'action. Fénelon avait fini ses études théologiques. Il était prêtre ; il venait de quitter Saint-Sulpice ; on lui chercha un emploi approprié à son goût passionné de propagande et de prosélytisme. Ce ne fut pas au Canada, comme son frère, ce ne fut pas en Orient, mais à Paris même que Fénelon eut à servir la cause chrétienne en déployant son zèle de missionnaire. L'archevêque de Paris le nomma supérieur d'une congrégation récente, *les Nouvelles Catholiques*. C'étaient les filles récemment converties du protestantisme qu'il fallait conserver et entretenir dans la foi. Rien n'était plus accommodé au goût et, si l'on peut employer en telle matière une expression si profane, au talent de Fénelon. On sait combien plus tard il se distingua comme directeur de conscience, au point même de séduire l'âme si froide et si sèche, en apparence au moins, de Mme de Maintenon. La douceur, la grâce, l'esprit, l'abondance élégante et fleurie, il avait au plus haut degré toutes ces qualités du directeur. Il les déploya sans doute avec autorité et succès dans la petite congrégation dont il était le chef ; car on lui confia bientôt une tâche bien autrement ardue et délicate : celle de missionnaire en France auprès des populations de la Saintonge et du Poitou, récemment arrachées à la foi protestante, ou qu'il fallait convertir. Fénelon s'est trouvé ainsi mêlé à la grande affaire de la révocation de l'édit de Nantes. Comment l'a-t-il envisagée ? Quelle conduite a-t-il tenue ? Quelle fut sa vraie direction d'idées dans cette crise capitale ? C'est là un des points les plus délicats et les plus importants que nous avons à mettre en lumière.

Il a régné longtemps sur cette question un préjugé que la critique la plus récente a définitivement fait évanouir, quoique cependant tout ne fût pas illusion dans ce préjugé. On sait que le XVIIIe siècle a fait à Fénelon une réputation de tolérantisme et de philosophie dans le sens des idées qui régnaient alors sous l'influence de Voltaire. Chénier a consacré à Fénelon une tragédie qui eut son heure de succès pendant la période révolutionnaire (février 1793). L'auteur prêtait à son héros ces vers philosophiques :

> L'erreur n'est pas un crime aux yeux de l'Éternel :
> N'exigez donc pas plus que n'exige le ciel :
> Sous nos cinq derniers rois, la seule intolérance
> A fait un siècle entier les malheurs de la France....
> La douceur et le temps combleront nos désirs ;
> Et jamais la rigueur n'a fait que des martyrs.

La Harpe, de son côté, dans son *Éloge de Fénelon*, couronné par l'Académie française, célébrait également la tolérance de Fénelon. En revanche et sous la Restauration, l'abbé de Boulogne publiait un mémoire sur *la Prétendue Tolérance de Fénelon* [1] et le

---

1. Voir *Correspondance de Fénelon*, t. IX, p. 216.

justifiait de cette fausse vertu que les philosophes lui avaient attribuée. De nos jours, un savant écrivain, M. Onés. Douen, s'est élevé très vivement contre ce qu'il appelle *la légende de Fénelon*. M. Eugène Despois, défenseur de Fénelon, s'est contenté de plaider les circonstances atténuantes. Enfin la publication intégrale des lettres de Saintonge, adressées à Seignelay, dont on ne possédait que deux ou trois dans la grande édition de 1827 [1], a fourni tous les documents nécessaires à l'instruction du procès. Que résulte-t-il de tout ce travail de la critique [2] ?

Nous avons donc les lettres de Fénelon dans lesquelles il rend compte de la mission du Poitou, adressées à M. de Seignelay, et aussi une à Bossuet [3] sur le même sujet. Dans aucun passage de ces lettres, ni dans aucun de ses autres écrits, on ne surprend l'ombre même d'une plainte contre le grand acte de la révocation. Sans doute un tel blâme eût été assez inopportun, Fénelon étant lui-même en quelque

---

1. M. Onésime Douen a soutenu sa thèse dans son livre sur l'*Intolérance de Fénelon* (2ᵉ édition). M. Despois a répondu dans un article de la *Revue bleue*, du 9 janvier 1875. M. Douen réplique dans un article de la même revue du 28 octobre 1876. Quant aux lettres de Saintonge, elles ont été publiées très infidèlement par M. l'abbé Verlaque; M. Gazier, dans un article de la *Revue bleue*, du 9 janvier 1875, a signalé les nombreuses inexactitudes de cette publication et surtout l'omission d'une lettre entière qui, il faut l'avouer, est des plus fâcheuses pour Fénelon. Ce n'est rien moins qu'une invitation au ministre de payer un pamphlétaire hollandais, Aubert de Versé, pour écrire contre Jurieu.
2. *Correspondance*, t. I, p. 3.
3. *Ibid.*, t. II, p. 196.

sorte chargé d'accomplir les ordres du roi. Il était jeune; il était dans toute la ferveur de la foi religieuse. Ce n'était guère le temps de penser à la philosophie. Il ne demandait nullement que l'autorité renonçât à faire sentir son empire sur les nouveaux convertis; au contraire, « il est important, dit-il, que les gens qui ont l'autorité le soutiennent ». Il veut même que l'on ait soin « de joindre aux secours de la persuasion chrétienne la vigilance contre les désertions et la *rigueur des peines* contre les déserteurs ». Il dénonçait au secrétaire d'État les voies d'évasion des malheureux huguenots qui voulaient fuir à l'étranger, et recommandait d'augmenter le nombre des gardes entre la côte et Bordeaux. Il demandait que les déserteurs fussent punis avec rigueur. Il se plaignait des officiers nouveaux convertis qui faisaient mollement leur devoir. Il demandait qu'on envoyât quelques-uns des chefs au Canada. Il approuvait même, semble-t-il, que l'on traînât les cadavres sur la claie pour avoir refusé les sacrements [1]. Il est donc bien difficile de soutenir que Fénelon n'a pas cru au droit du gouvernement d'employer la force contre l'hérésie, et même qu'il

---

1. Voir pour tous ces textes, et d'autres encore, le travail de M. Douen, *Revue bleue*, 28 octobre 1876, et celui de M. Gazier cité plus haut. Cependant il y aurait à discuter chaque texte en particulier. Par exemple, pour les cadavres traînés sur la claie, Fénelon déclare que « l'impression est fâcheuse, que c'est encourager l'hypocrisie, qu'il vaudrait mieux avoir recours à un peu de patience », etc. Est-ce là une approbation ou un désaveu?

n'a point coopéré pour sa part à l'emploi de ces moyens.

Néanmoins ce qu'on ne peut nier, c'est la préférence donnée aux moyens doux et persuasifs sur les moyens violents. Dans les mêmes lettres que nous venons de citer, Fénelon recommande expressément la douceur et la patience. « Il nous serait facile, écrit-il, de les faire tous confesser et communier, si nous voulions les presser pour faire honneur à nos missions. Mais quelle apparence de faire confesser ceux qui ne reconnaissent pas encore la vraie Église, ni sa puissance de remettre les péchés? Comment donner Jésus-Christ à ceux qui ne croient point le recevoir? Cependant je sais que dans les lieux où les missionnaires et les troupes sont ensemble, les nouveaux convertis vont ensemble à la communion. Ces esprits durs, opiniâtres et envenimés contre notre religion sont pourtant lâches et intéressés. Si peu qu'on les presse, on les verra faire des sacrilèges innombrables; on ne fera que les pousser par le remords de leur conscience jusqu'au désespoir, ou on les jettera dans une impassibilité et une indifférence de religion qui est le comble de l'impiété. Pour nous, monsieur, nous croirions attirer sur nous une horrible malédiction si nous nous contentions de faire à la hâte une œuvre superficielle qui éblouirait de loin. » Ce sont là évidemment des sentiments pleins de charité et de douceur, éminemment chrétiens. On voit qu'il y avait en réalité deux systèmes en présence : d'une part, un système administratif et politique qui ne voyait et ne voulait que la soumission extérieure, et se souciait peu du fond des consciences. On voulait pouvoir dire au roi qu'il n'y avait plus de huguenots, lors même qu'on les eût remplacés par des athées. Ce n'était pas de l'âme qu'il s'agissait, mais d'une obéissance purement politique. A ceux qui poussaient trop loin le système de la douceur, on reprochait l'excès de la longanimité et de la patience : ce fut le cas pour Fénelon sans qu'il eût jamais pour cela nié ni mis en doute le droit de l'autorité civile ; mais il était assez chrétien pour voir que le système ne pouvait produire des effets véritablement religieux. Il s'était lui-même insinué dans la confiance des nouveaux convertis par le charme et la grâce de ses procédés. Il demandait que « ces bons commencements fussent soutenus par des prédicateurs doux qui joignissent au talent d'instruire celui de s'attirer la confiance des peuples ». Il demandait encore que « le nouvel intendant n'exerçât pas une autorité rigoureuse qui le rendrait odieux ». Sans méconnaître les droits de l'autorité, qui doit, disait-il, être inflexible pour retenir les huguenots dans le royaume, il ajoutait cependant qu' « il serait important de leur faire trouver en France quelque douceur de vie qui leur ôte la fantaisie d'en sortir ». Quelque exagérée que soit l'opinion du XVIIIe siècle sur le tolérantisme de Fénelon, on voit cependant que tout n'était pas illusion, et qu'il devait avoir laissé un certain souvenir, une certaine tradition de modération et de bienfaisance pour que le préjugé qui s'attache à son nom se soit établi. A défaut d'une impartialité philosophique que rien n'autorisait à cette époque, c'était déjà quelque chose que d'avoir donné, dans ces tristes circonstances, l'exemple de la douceur et de la bonté.

Terminons le tableau de cette première période qui correspond à la jeunesse de Fénelon par le récit qu'il fait à sa cousine, la marquise de Laval, de son entrée à Carennac, bénéfice qui lui avait été cédé par son oncle l'évêque de Sarlat. On verra que Fénelon n'était pas plus fermé à la gaieté de la jeunesse qu'à ses enthousiasmes et à ses générosités. Ne croirait-on pas lire une lettre inspirée par Mme de Sévigné dans le récit suivant? « Je marche accompagné majestueusement de tous les députés et j'aperçois le quai bordé de tout le peuple en foule. Deux bateaux, pleins de l'élite des bourgeois, s'avancent; et je m'aperçois que, par un stratagème galant, les troupes de ce lieu les plus aguerries s'étaient cachées dans un coin de la belle île que vous connaissez; elles vinrent en bon ordre de bataille me saluer avec beaucoup de mousquetades; l'air est déjà tout obscurci par la fumée de tant de coups, et l'on n'entend plus que le bruit affreux du salpêtre. Le fougueux coursier que je monte, animé d'une noble ardeur, veut se jeter dans l'eau; mais moi, plus modéré, je mets pied à terre.... Me voilà à la porte; les consuls commencent leur harangue; vous ne manquez pas de vous représenter ce que l'éloge a de plus vif et de plus pompeux. L'orateur me compare au soleil; bientôt après je fus la lune; tous les autres astres radieux eurent ensuite l'honneur de me ressembler, et nous finîmes heureusement par le commencement du monde. Alors le soleil était couché, et j'allai dans ma chambre pour me préparer à faire de même [1]. » On voit que Fénelon, malgré sa sensibilité et la noblesse de son âme, ne dédaignait pas de rire et savait aussi trouver le ridicule des gens. Il est fâcheux que cette note aimable et plaisante soit si rare dans ses écrits. Cette lettre et la suivante (16 juin), sur une affaire judiciaire plaidée ridiculement à Carennac par les Cicérons du lieu, sont les seuls témoignages que nous ayons de cette gaieté de jeunesse. De plus graves préoccupations vont bientôt remplir sa vie.

1. *Correspondance*, t. II, p. 9. Lettre du 22 mai 1681.

CHAPITRE II

« DE L'ÉDUCATION DES FILLES »

Le premier ouvrage que Fénelon ait publié est le traité *De l'Éducation des filles*, paru en 1687[1]. Ce n'était d'abord, dans la pensée de l'auteur, qu'un écrit intime composé à la demande du duc et de la duchesse de Beauvillier, les grands amis de Fénelon, qui désiraient s'inspirer de ses conseils dans l'éducation de leurs enfants, surtout de leurs filles. Cet écrit leur parut si plein de pensées solides et délicates, et si propre à instruire toute espèce de personnes, qu'ils obtinrent de Fénelon qu'il le publiât.

Le traité de Fénelon est pour la France le vrai point de départ de la pédagogie sur cette grande question. Auparavant il n'y avait rien. « Ce sera sans doute un grand paradoxe, disait l'abbé Fleury,

---

[1]. Voir la charmante édition donnée par M. O. Gréard (Librairie des bibliophiles), avec une introduction des plus fines et des plus complètes où il ne laisse rien à dire après lui.

ami de Fénelon, de soutenir que les femmes doivent savoir autre chose que leur catéchisme, la couture et divers petits ouvrages, chanter, danser, faire bien la révérence et parler exactement; car voilà en quoi consiste pour l'ordinaire toute leur éducation. » Comme il arrive souvent, cet excès dans l'ignorance amena les esprits un peu libres à un paradoxe contraire. En 1672, quatorze ans avant Fénelon, Poulain de la Barre, écrivain protestant, avait publié son traité *De l'Égalité des sexes*, dans lequel il disait : « Si l'on trouvait plaisant de voir une femme enseigner l'éloquence et la médecine, faire la police, haranguer devant les juges en qualité d'avocat, rendre la justice, conduire une armée, etc., ce n'est que faute d'habitude, et on s'y ferait ». On voit que les idées les plus hardies de nos jours et les plus éloignées de la pratique avaient traversé l'esprit d'un philosophe du XVIIe siècle; mais, dans le fait, loin de s'acheminer à cette égalité, on négligeait absolument et systématiquement l'instruction des femmes; on paraissait admettre dans la pratique la maxime du bonhomme Chrysale, qui pensait que c'est assez pour une femme

> Quand la capacité de son esprit se hausse
> A connaître un pourpoint d'avec un haut-de-chausse.

C'est ce qu'on peut conclure des premiers mots de Fénelon :

« Rien n'est plus négligé que l'éducation des filles.... Il ne faut pas qu'elles soient savantes, dit-on, la curiosité les rend vaines et précieuses; il suffit qu'elles sachent gouverner un jour leurs ménages, obéir à leurs maris sans raisonner. On ne manque pas de se servir de l'expérience qu'on a de beaucoup de femmes que la science a rendues ridicules : après quoi on se croit en droit d'abandonner aveuglément les filles à la conduite des mères ignorantes et indiscrètes. »

Fénelon n'a garde cependant, bien entendu, de vouloir faire des femmes des savantes ridicules; et il semble répondre indirectement à Poulain de la Barre en disant qu' « elles ne doivent ni gouverner l'État (ce qui cependant leur est arrivé plus d'une fois, et avec succès), ni faire la guerre, ni entrer dans le ministère des choses sacrées ». Mais tout en reproduisant ainsi sous forme ironique les objections des adversaires de l'éducation des femmes, qui, bien entendu, comme à l'ordinaire, ne voyaient que les excès, Fénelon ne se laissait pas cependant ébranler par ces objections. Il ne veut donc pas que l'intelligence des femmes se borne à « gouverner leur ménage et à obéir à leurs maris ». Il montre au contraire le grand rôle de la femme dans la maison et dans l'État. On invoque la faiblesse de leur sexe; mais « plus elles sont faibles, plus il faut les fortifier.... N'ont-elles pas des devoirs à remplir? Ce sont elles qui ruinent et qui soutiennent les maisons et qui ont la principale part aux bonnes et aux mauvaises mœurs.... Même les affaires du dehors ne leur sont point étrangères à cause de l'influence qu'elles exercent sur leurs maris et leurs enfants.... Les hommes peuvent-ils espérer pour eux-mêmes quelque douceur de vie si leur plus étroite société, qui est celle du mariage, se tourne en amertume ? Les enfants qui feront dans la suite tout le genre humain, que deviendront-ils si les mères les gâtent dès les premières années ? » La conclusion est évidente : si l'on élève avec tant de soin les garçons à cause des importantes occupations qu'ils auront à remplir dans le monde, comment négliger l'éducation des femmes qui sont chargées de commencer l'éducation des garçons ?

Le principe qui domine le livre de Fénelon est celui de la dignité de la femme, d'où la nécessité de l'instruire et de lui élever l'esprit. Rien de plus libéral qu'une telle pensée; rien de plus conforme à ce que devait réclamer l'avenir.

Si en effet quelque chose caractérise l'ouvrage de Fénelon, c'est ce pressentiment de l'avenir, cet esprit de liberté qui fait que nous nous reconnaissons nous-mêmes, que nous retrouvons les germes de nos idées modernes dans ce charmant petit écrit. Ce n'est pas sans doute telle ou telle prescription qu'il faut considérer, telle ou telle matière d'éducation qu'il faut chercher dans son programme. Ce programme lui-même auprès de ceux d'aujourd'hui paraîtrait peut-être un peu modeste et un peu court; mais ce qui nous intéresse plus que les conclusions, c'est l'esprit même qui les inspire ; or cet esprit est éminemment libéral; Fénelon, bien avant Rousseau, a demandé que l'on consultât la nature, que l'on n'imposât pas aux enfants une discipline matérielle qui amortît leur activité et qui révoltât leur âge. Il a senti le charme de l'enfance et il a aimé les enfants. C'est par là qu'il est un grand éducateur et l'un des maîtres de la pédagogie française.

Revenons à la nécessité d'instruire les filles : « L'ignorance d'une fille, dit Fénelon, est cause qu'elle s'ennuie et qu'elle ne sait à quoi s'occuper innocemment ». Si on ne l'applique point dès l'enfance aux choses solides, « tout ce qui est sérieux lui paraît triste ; tout ce qui demande une attention suivie la fatigue ; la pente au plaisir, l'exemple des personnes du même âge, tout lui fait craindre une vie réglée et laborieuse.... L'inapplication se tourne en habitude incurable. »

L'ignorance n'est pas un préservatif contre la frivolité. L'oisiveté au contraire produit « une sensibilité pernicieuse pour les divertissements et pour les spectacles ». Les personnes instruites et habituées aux choses sérieuses n'ont pas de curiosité pour les inutiles. Mais l'ignorance ou la mauvaise instruction conduit à « une imagination errante qui se tourne vers les objets vains et dangereux ».

Fénelon paraît ne pas suivre sa pensée lorsqu'il dit que ces filles mal élevées se tournent quand elles ont de l'esprit, soit en précieuses qui dissertent sur le bel esprit, et qui se nourrissent d'aventures romanesques, soit en controversistes qui décident sur la religion, comme c'était souvent la mode au xviie siècle. Il semble que ces défauts sont plutôt ceux des femmes savantes que des ignorantes. Cependant il n'y a dans la pensée de Fénelon aucune inconséquence. Sans doute, même mal instruite, une fille qui a de l'esprit se tourne d'elle-même vers les choses intellectuelles dont elle fera abus; c'est ainsi qu'elle deviendra précieuse et théologienne ou libre penseuse, sans rien savoir de solide, et en prenant le faux en toutes choses. Ce n'est pas l'ignorance qui garantit de ces excès; elle les favorise plutôt parce qu'elle ne donne aucun but, aucun contrepoids à l'imagination errante. Au contraire, un esprit bien formé, bien cultivé, saura se prémunir lui-même contre le ridicule d'une fausse science et d'une fausse théologie.

Au reste, ce ne sont là que les erreurs des personnes d'esprit; les autres, n'ayant pas moins de curiosité, mais visant moins haut, se tourneront vers les choses qui leur seront proportionnées : « savoir ce qui se dit, ce qui se fait, une chanson, une nouvelle, une intrigue, recevoir des lettres, lire celles des autres. Elles sont vaines, et la vanité fait parler beaucoup; elles sont légères, et la légèreté empêche les réflexions qui souvent feraient garder le silence. »

Fénelon pose le vrai principe de l'éducation libérale, lorsqu'il dit : « Il faut mener les filles par la raison, autant qu'on le peut ». Pour beaucoup d'esprits c'est là un principe de désordre et d'anarchie. Selon eux, ce n'est pas à la raison, mais à l'autorité qu'il faut avoir recours. L'enfant doit obéir, qu'il sache ou non pourquoi. S'il comprend pourquoi, ce n'est plus alors à vous, mais à lui-même qu'il obéit, et ce n'est pas là obéir. Vous lui apprenez à être son propre maître, et par là à s'affranchir de l'autorité. Toute l'anarchie moderne est donc dans ces mots : les mener par la raison. Mais ce sont précisément ces conséquences qui nous font dire que le livre de Fénelon est inspiré par un esprit tout moderne et par une vue inconsciente mais anticipée de l'avenir. C'est en effet la pensée maîtresse de l'éducation moderne de faire que chacun, dans la mesure de ses forces, devienne son propre maître, et obéisse non à un ordre extérieur, mais à sa propre raison, c'est-à-dire à lui-même. Toute la société aujourd'hui est dirigée dans ce sens, et pour cela il ne suffit pas de plier les enfants extérieurement à une règle matérielle, il faut leur faire comprendre le pourquoi de leurs actions. Est-ce à dire que l'on parlera à un enfant comme à un homme? Non, sans doute; il s'agit de la raison de l'enfant, et non de la raison en général; il s'agit d'approprier les conseils à la portée de sa petite intelligence; et c'est ne pas connaître les enfants que de croire que cela est impossible. Ils entrent au contraire facilement dans les raisons qu'on leur donne; et l'on est quelquefois étonné de voir avec quelle facilité ils comprennent ce qu'on leur dit. Est-ce à dire maintenant que l'on puisse toujours employer ce moyen? Non, sans doute, et Fénelon a soin de dire : « autant qu'on le peut ». On sait qu'un enfant en colère n'entend plus rien, ne comprend plus rien; et lorsqu'il le faut, on ne peut se dispenser d'employer la force, je ne dis point pour les frapper, mais pour les contraindre : par exemple leur enlever des mains l'instrument dangereux qui les couperait, ou les enlever eux-mêmes pour les mettre dans leur lit; aucune éducation ne pourra jamais être dispensée de ces moyens sommaires; mais ce qui est inutile et fâcheux, c'est l'autorité à tout propos et hors de propos; c'est ce ton violent, impérieux, criard des femmes vulgaires à l'égard de leurs enfants, qui finit par perdre toute efficacité quand il est perpétuel; c'est surtout cette théorie qu'il faut briser la volonté de l'enfant : une volonté brisée n'est plus bonne à rien, il reste aussi accessible au mal qu'au bien. Il faut former la volonté au lieu de la détruire, et on la forme en l'associant à son guide naturel, qui est la raison.

Une autre nouveauté de Fénelon, qui le fait quelquefois parler comme Montaigne, c'est de joindre l'idée du plaisir à celle de la vertu. Peut-être Saint-Cyran, peut-être Bossuet lui-même eussent-ils été sévères contre cette éducation trop aimable; mais Fénelon ne dépasse pas la juste mesure, et il nous semble qu'il a raison quand il dit : « Mêlez l'instruction avec le jeu; que la sagesse ne se montre à lui que par intervalles et sous un visage riant. Si l'enfant se fait une idée triste et sombre de la vertu, tout est perdu. »

Quoi de plus aimable et de plus tendre et en même

temps de plus sensé que les conseils suivants : « Ne prenez jamais sans une extrême nécessité un air austère et impérieux qui fait trembler les enfants, car ils ne sont d'ordinaire que trop timides et honteux. Vous leur fermeriez le cœur et leur ôteriez la confiance sans laquelle il n'y a nul profit à espérer de l'éducation. Faites-vous aimer d'eux; qu'ils soient libres avec vous et qu'ils ne craignent point de vous laisser voir tous leurs défauts. »

Cette complaisance à l'enfance n'est pas l'ennemie de l'autorité : « Si le sage a recommandé de tenir la verge assidûment levée sur les enfants, s'il a dit qu'un père qui joue avec son fils pleurera dans la suite, ce n'est pas qu'il ait blâmé une éducation douce et patiente. Il condamne seulement les parents inconsidérés qui flattent les passions de leurs enfants et ne cherchent qu'à les divertir. » Fénelon ne nie pas d'ailleurs qu'il n'y ait des enfants que l'on ne peut dompter que par la crainte; c'est donc un moyen qu'il est permis d'employer, mais seulement quand on ne saurait faire autrement.

Un pédagogue aussi aimable et aussi doux pour l'enfant ne sera pas pour ce que l'on appelle aujourd'hui le *surmenage*. Il ne faut pas demander à l'enfance plus que cet âge tendre et délicat ne peut donner : « On demande souvent aux enfants une exactitude et un sérieux dont ceux qui l'exigent seraient incapables. Nulle liberté, nul enjouement, toujours leçons, silence, postures gênées, corrections et menaces. » Fénelon, qui était un antique par l'imagination, invoque ici l'exemple des anciens : « C'est par les vers et la musique que les principales sciences, les maximes des vertus et la politesse des mœurs s'introduisirent chez les Hébreux, les Égyptiens et les Grecs ». Il redoute surtout les effets de la crainte et de la terreur : « Il faut que la joie et la confiance soient leurs dispositions ordinaires; autrement on obscurcit leur esprit, on abat leur courage; s'ils sont vifs, on les irrite; s'ils sont mous, on les rend stupides. La crainte est comme les remèdes violents qu'on emploie dans les maladies extrêmes; ils purgent, mais ils altèrent le tempérament, ils usent les organes; une âme menée par la crainte en est toujours plus faible. »

D'autres conseils anticipent encore sur des idées toutes modernes. Fénelon recommande ce que nous appelons aujourd'hui des leçons de choses. Voici un excellent résumé de cette sorte d'enseignement :

« A la campagne, ils voient un moulin et ils veulent savoir ce que c'est. Il faut leur montrer comment se prépare l'aliment qui nourrit l'homme. Ils aperçoivent des moissonneurs, il faut leur expliquer ce qu'ils font, comment est-ce qu'on sème le blé et comment il se multiplie dans la terre. A la ville, ils voient des boutiques où s'exercent plusieurs arts et où se vendent diverses marchandises. Par là vous leur enseignerez insensiblement comment se font toutes les choses qui servent à l'homme et sur lesquelles roule le commerce. Peu à peu, sans études particulières, elles apprendront la bonne manière de faire ces choses et le juste prix de chacune. Ces connaissances sont particulièrement intéressantes pour les filles. »

On avait, au temps de Fénelon, d'après son témoignage, une manière bien ridicule d'apprendre à lire aux enfants. On les faisait lire en latin et sur le ton de la déclamation. Une telle méthode devait dégoûter les enfants, et combien aussi elle devait être longue, tant elle était pénible et ennuyeuse. Fénelon, au contraire, conseille de se servir de livres de contes, et l'enfant apprendra à lire de lui-même et en jouant. Il ne dédaigne pas de parler à leurs yeux, comme on fait de nos jours : « Il faut lui donner un livre bien relié, doré même sur la tranche, avec de belles images ». De même pour apprendre à écrire, il fera écrire des lettres aux enfants sur des objets qui leur sont familiers et qui les intéressent personnellement. « Écrivez-moi un billet, dira-t-on ; mandez telle chose à votre frère ou à votre cousin : tout cela fera plaisir à l'enfant, pourvu qu'aucune image triste de leçon réglée ne le trouble. » En un mot, Fénelon se plaint que, dans les éducations ordinaires, « on mette tout le plaisir d'un côté et tout l'ennui de l'autre ». Il a connu également le principe des *courtes séances*, dont un utopiste de nos jours, Ch. Fourier, s'est cru l'inventeur : « Laissez leur vue se promener un peu ; permettez-leur même de temps en temps quelque divertissement ou quelque jeu, afin que leur esprit se mette au large ; puis ramenez-les doucement au but ».

Quoiqu'il condamne tous les excès, on voit cependant que Fénelon aime encore mieux chez l'enfant la vie et la chaleur du sang qu'une trop grande inertie. Ce qui lui paraît le plus difficile en éducation, c'est d'agir sur les enfants « qui manquent de sensibilité ». Quoiqu'il ne fût pas encore à cette époque précepteur du duc de Bourgogne, il semble cependant opposer d'avance le caractère de ce prince au caractère du Dauphin, élève de Bossuet : « Les caractères vifs et sensibles sont capables de terribles égarements; mais ils ont de grandes ressources et reviennent souvent de loin.... On a de quoi les intéresser à ce qu'on leur enseigne, à les piquer d'honneur, au lieu qu'on n'a aucune prise sur les naturels indolents. Ce n'est pas qu'il faille faire trop de fond sur les naturels vifs et aimables; souvent ils trompent beaucoup parce que les premières grâces de l'enfant sont un lustre qui couvre tout. On y voit je ne sais quoi de tendre et d'aimable qui empêche d'examiner de près le détail des traits du visage. Tout ce qu'on trouve en eux d'esprit surprend : toutes les fautes de jugement ont la grâce de l'ingénuité. » — « Mais ce ne sont là que des apparences. Tel a été célèbre par son esprit à l'âge de cinq ans qui est tombé dans l'obscurité et le mépris. Il n'y a qu'une chose sur laquelle on puisse compter : c'est le bon raisonnement. »

Tous ces conseils généraux s'appliquent à toute éducation et à tous les enfants en général. Voyons de plus près ceux qui s'adressent aux filles. Fénelon fait preuve ici d'une psychologie délicate et nous montre que les défauts des filles ne lui sont pas moins connus que ceux des garçons. Il trouve l'éducation des filles, telle qu'on la donnait de son temps, trop timide et trop molle. Il faut rendre les filles capables d'une conduite ferme et réglée. C'est l'affectation qui les habitue à faire parade de craintes imaginaires et à pleurer pour rien. Il faut réprimer les petites jalousies, les compliments excessifs, les flatteries, tout ce qui les gâte et les éloigne de ce qui leur paraît sec et austère. Elles sont très artificieuses, et savent user de longs détours pour arriver à leur but : « Elles ont un naturel souple pour jouer toutes sortes de comédies; les larmes ne leur coûtent rien; leurs passions sont vives et leurs connaissances bornées ». De plus, elles sont timides et d'autant plus aptes à la dissimulation : « Montrez-leur comment on peut sans tromperie être discret et précautionné; ajoutez que ce que la finesse cherche est bas et méprisable,... et qu'elle vient toujours d'un cœur bas et d'un petit esprit ». Gardez-vous surtout de les applaudir lorsqu'elles ont montré de l'esprit par quelque fausseté : « En les louant sur de telles fautes, on leur persuade que c'est être habile que d'être fin ».

De la finesse et de l'artifice chez les filles, Fénelon passe à la coquetterie, qui en est l'accompagnement ordinaire. « Les filles naissent, dit-il, avec un violent désir de plaire; elles sont passionnées pour les ajustements; une coiffe, un bout de ruban, une boucle de cheveux plus haut ou plus bas, le choix d'une couleur, ce sont pour elles autant d'affaires. » Il remarque que ce défaut est plus particulièrement propre à la nation française, qui joint « à l'amour des ajustements l'amour des nouveautés : ces deux folies renversent les bornes des conditions et dérèglent toutes les mœurs ». L'origine de tous ces maux est dans l'empire exercé par les femmes. « Apprenez aux filles que l'honneur d'une bonne conduite est plus estimable que celui qu'on tire de ses cheveux et de ses habits. » Il va même, par un excès d'ascétisme, qui ne semble pas d'accord avec l'esprit général de l'ouvrage, jusqu'à condamner la beauté, qui ne sert guère, dit-il, qu' « à faire marier avantageusement une fille ». Ce n'est déjà pas là si peu de chose ; et cette perspective n'est pas trop un moyen d'en dégoûter ni les filles ni les parents. Mais il ajoute que la beauté n'atteindra pas à ce but si elle n'est soutenue par le mérite et par la vertu. Autrement la beauté seule la livrera à quelque fou qui la rendra malheureuse. Le soin de la beauté rend bien vite ridicule quand il survit à la jeunesse.

Après la beauté vient la parure, et Fénelon ne croit pas au-dessous de sa dignité de donner des conseils sur ce frivole sujet : frivole seulement en apparence, car quel rôle ne joue pas la parure dans l'histoire de la femme et dans l'histoire des mœurs ? Fénelon n'affecte pas une austérité chagrine ; il n'impose pas aux femmes du monde l'indifférence des religieuses au sujet des ornements du corps ;

il en parle plutôt en artiste et en homme de goût : « Je voudrais, dit-il, faire voir aux jeunes filles la noble simplicité qui paraît dans les statues et dans les autres figures qui nous restent des femmes grecques et romaines; elles y verraient combien des cheveux noués négligemment par derrière et des draperies pleines et flottantes à longs plis sont agréables et majestueuses. Il serait bon qu'elles entendissent les peintres et les autres gens qui ont un goût vif de l'antiquité. » Ainsi Fénelon n'est pas éloigné de donner aux femmes le goût et quelque teinture des beaux-arts, ne fût-ce que pour régler leur toilette et y introduire le sens du noble et du délicat; non sans doute qu'il conseille aux jeunes filles de s'habiller à la grecque, comme on le fit sous le Directoire; mais elles y prendraient le goût de « cette simplicité noble, d'ailleurs si convenable aux mœurs chrétiennes ». Il condamne d'ailleurs, comme tous les pasteurs chrétiens, les immodesties de la toilette, et il montre assez hardiment que les femmes sont complices des passions qu'elles excitent : « Quand on cherche à plaire, que prétend-on? Exciter les passions des hommes. Que tient-on dans ses mains pour les arrêter? Si elles vont trop loin, ne doit-on pas s'en imputer toutes les suites? Vous préparez un poison subtil et mortel et vous vous croyez innocentes? »

Voyez maintenant quelles sont les conclusions auxquelles Fénelon s'arrête. C'est ici qu'il nous paraît un peu restrictif, après nous avoir paru presque trop libéral. Il semble borner cette instruction à savoir parler et écrire correctement et à connaître les quatre règles de l'arithmétique. Il voudrait aussi quelque connaissance du droit, savoir par exemple la différence qu'il y a entre un testament et une donation, ce que c'est qu'un contrat, une substitution, un partage, ce que c'est que biens meubles et immeubles; mais éloignez-les de la chicane, à laquelle les femmes sont très portées. Enfin il fait une part à la culture de l'esprit, mais assez faible, à « la lecture des livres profanes qui n'ont rien de dangereux pour les passions et particulièrement la lecture des histoires grecque et romaine et même de l'histoire de France, qui a aussi ses beautés ». Ainsi l'histoire de France n'est guère qu'une concession, au lieu d'être, comme elle doit l'être, une étude fondamentale. Il déconseille l'étude de l'italien et de l'espagnol, « qui ne servent qu'à lire des livres dangereux et capables d'augmenter les défauts des femmes ». Enfin il permet, mais avec grand choix, la lecture des ouvrages d'éloquence et de poésie, en évitant d'ébranler des imaginations trop vives. « Tout ce qui peut faire sentir l'amour, plus il est adouci et enveloppé, plus il me paraît dangereux. » Il en est de même de la peinture et de la musique, que Fénelon permet, mais avec les mêmes précautions. Encore voudrait-il qu'on se bornât à la musique chrétienne et religieuse. La peinture est moins dangereuse.

En résumé, ce programme d'études peut nous paraître aujourd'hui un peu timoré : notamment tout ce qui regarde la culture et l'ornement de l'esprit y est trop parcimonieusement encouragé; mais pour le temps de Fénelon, on le trouvera plutôt large et hardi : toutes ces demi-permissions qui nous paraissent trop précautionneuses étaient des hardiesses. C'est lui qui a donné le branle à une certaine largeur dans l'éducation féminine. Ce qui est d'ailleurs en dehors de la question de programme, c'est qu'aucun ouvrage n'a mieux parlé des femmes, avec plus de goût, de délicatesse et de perspicacité : une langue pleine de naturel et de douceur, aussi fine que pure, « encor qu'un peu traînante », est celle qui convenait le mieux au sujet.

Fénelon avait posé les principes d'une solide éducation. Il allait bientôt avoir à les mettre à l'épreuve.

CHAPITRE III

FÉNELON PRÉCEPTEUR DU DUC DE BOURGOGNE

L'année 1689 est capitale dans la carrière de Fénelon. Il avait trente-huit ans. Il quitte l'humble fonction d'aumônier de couvent pour entrer à la cour comme précepteur de prince. C'était le moment où la cour commençait à se ranger, à l'instar de Louis XIV. Ce prince, assagi par l'âge, avait renoncé aux folles amours pour des liens plus réguliers. Il avait substitué une amie à une maîtresse, Mme de Maintenon à Mme de Montespan; et la mort de la reine était venue à temps pour offrir à la nouvelle favorite l'occasion d'une union légitime. Le nouveau précepteur Fénelon devint bientôt des intimes de Mme de Maintenon; et l'on put croire un moment qu'il avait trouvé là la voie de la fortune et du pouvoir.

A ce moment délicat de la carrière de Fénelon, il est à propos de rappeler le jugement compliqué et insidieux que Saint-Simon a porté sur lui. Il le connaissait d'assez près, étant de son monde; et n'était la malignité connue de sa nature hargneuse, on serait tenté de croire que nul n'était plus en mesure de nous faire pénétrer dans le vrai caractère et la pensée intérieure de notre héros.

« Fénelon, nous dit Saint-Simon, était un homme de qualité qui n'avait rien et qui, se sentant beaucoup d'esprit et de cette sorte d'esprit insinuant et enchanteur, avec beaucoup de talent, de grâces et de savoir, avait aussi beaucoup d'ambition. Il avait longtemps frappé à toutes les portes sans se les pouvoir faire ouvrir. Piqué contre les jésuites et rebuté de ne pas pouvoir prendre avec eux, il se tourna aux jansénistes pour se dépiquer et parvint à être des repas particuliers;... je ne sais s'il leur parut trop fin; mais peu à peu la liaison avec eux se refroidit, et à force de tourner autour de Saint-Sulpice, il parvint à y en former une dont il espéra mieux. » (*Mémoires*, éd. Chéruel, I, p. 284.)

On ne peut guère contrôler les assertions de Saint-Simon au sujet des rapports de Fénelon avec les jésuites et les jansénistes dans les premiers temps de sa carrière; on s'étonnera seulement qu'un esprit de cette valeur et de cette séduction ait pu être repoussé de part et d'autre par des associations si puissantes et qui devaient chercher à se recruter à tout prix; or l'occasion d'une pareille recrue ne s'offrait pas tous les jours. Mais, outre le peu de vraisemblance de ce double échec, il nous est facile de rectifier les assertions de Saint-Simon sur les rapports de Fénelon avec les sulpiciens. Il n'est pas exact de dire qu' « à force de tourner autour de Saint-Sulpice, il a fini par former une liaison ». On sait en effet que les choses ne se sont pas passées ainsi. C'est à l'issue même de ses humanités qu'il a été placé par son oncle au séminaire Saint-Sulpice pour y faire ses études en théologie. Il n'avait donc pas eu le temps d'intriguer autour des jésuites et des jansénistes. Élevé à Saint-Sulpice, il y contracta de la manière la plus naturelle du monde une liaison étroite avec ses maîtres. L'abbé Tronson, son directeur, était un des maîtres de la congrégation. La liaison de Fénelon avec Saint-Sulpice était donc celle d'un disciple avec l'école dont il est sorti, comme encore aujourd'hui celle du normalien avec l'École normale, du polytechnicien avec l'École polytechnique. Il a bien pu se faire sans doute que Fénelon, qui avait avant tout le désir de plaire, et dont « l'esprit coquet cherchait à être goûté, même de l'ouvrier et du laquais », il a pu, dis-je, arriver que Fénelon, dans la neutralité de sa jeunesse, ait entretenu des relations avec les jésuites et les jansénistes; mais sa liaison avec Saint-Sulpice est antérieure, et ne vient point de ce qu'il aurait été rebuté ailleurs. Voyons maintenant ce qu'était Saint-Sulpice suivant Saint-Simon : « Cette société commençait à percer. L'ignorance, la petitesse des pratiques, le défaut de protection, le manque de sujets de quelque distinction lui inspire une obéissance aveugle pour Rome. Ils parurent un milieu très utile aux prélats. » Si nous rabattons quelque chose du ton chagrin que Saint-Simon met dans tout ce qu'il écrit, il reste que Saint-Sulpice était une congrégation modeste, pratique, soumise, craignant la cour, n'ayant pas de pouvoir puisqu'elle n'avait pas de protection, et qu'en s'attachant à elle, Fénelon avait dû consulter beaucoup plus des habitudes d'affection reconnaissante que des finesses de doctrine et des calculs d'ambition.

Nous ne dirons pas qu'il ne faut rien retenir du portrait de Saint-Simon et de ses commentaires. Ils nous servent au moins à ceci, c'est de ne pas accepter tout entier le Fénelon de la légende, de ne pas le considérer exclusivement comme un saint et comme un ange, ainsi qu'on est porté à le faire. Il y a eu quelque chose d'humain dans cette âme angélique; nous oserions presque dire que nous ne l'en aimons que mieux; nous avons plus de sympathie pour les saints qui ont péché que pour les autres. Il a été ambitieux : « Tout homme l'est sans doute », dit le Mahomet de Voltaire. Il n'a pas évité la finesse et peut-être l'intrigue. Dans sa grande lutte contre Bossuet, il montra autant de souplesse que de ténacité. Enfin il était homme. Nous pensons cependant qu'il n'était pas capable de sacrifier sa conscience à sa fortune. Nous en avons la preuve dans l'attachement inébranlable, quoique assez peu raisonnable, qu'il a porté à Mme Guyon. Ce fut là l'écueil où vint échouer sa fortune; il avait assez d'esprit pour le sentir. Il devait, il pouvait abandonner cette malheureuse femme; personne ne lui en ferait un reproche. On peut même trouver que cette fidélité opiniâtre à une personne qui nous paraît aujourd'hui à moitié folle dépare quelque peu le noble personnage qu'elle a séduit; mais précisément pour cela même, nous voyons Fénelon si au-dessus des calculs de la politique, qu'il n'a pas même sacrifié au simple bon sens et au sentiment de sa dignité ce qu'il a cru un devoir, c'est-à-dire la défense de l'innocence persécutée. Mais c'est trop anticiper sur l'avenir. Revenons à notre point de départ, l'arrivée de Fénelon à la cour.

Le fils de Monseigneur, c'est-à-dire du Dauphin, le jeune duc de Bourgogne, était parvenu à l'âge où l'on devait songer à son éducation. Quelque sévère que l'on puisse être pour Louis XIV en général, on ne peut lui reprocher d'avoir négligé l'éducation de ses enfants et de ses petits-enfants. Au Dauphin il avait donné pour gouverneur et pour précepteur Montausier et Bossuet; inspiré par le même esprit, il choisit pour le duc de Bourgogne Beauvillier et Fénelon. Mais l'éducation du Dauphin avait été assez stérile; le terrain était ingrat. Monseigneur était une nature inerte et sans réaction. Il ne devait jamais rien donner. Le duc de Bourgogne, au contraire, était violent et sensible, et tout prêt à recevoir l'action d'un esprit supérieur. Fénelon a fait allusion à ces deux sortes de caractères dans un passage cité plus haut.

Saint-Simon en nous peignant le caractère du duc de Bourgogne nous fait sentir quels obstacles Fénelon a eu à vaincre dans cette éducation :

« Le duc de Bourgogne naquit terrible et dans sa première jeunesse fit trembler. Dur, colère jusqu'aux derniers emportements, incapable de souffrir les moindres résistances sans entrer dans des fougues à faire craindre que tout ne se rompît dans son corps, c'est ce dont j'ai été souvent témoin, opiniâtre à l'excès, passionné pour tous les plaisirs, la bonne chère, la chasse avec fureur, la musique avec une sorte de ravissement. L'esprit, la pénétration brillaient en lui de toutes parts; ses reparties étonnaient; ses réponses tendaient toujours au juste et au profond; il se jouait des connaissances les plus abstraites. » (T. VIII, p. 175.)

Tel était l'enfant dont il fallait faire un homme. Les soins du duc de Beauvillier et de Fénelon y ont réussi à un point qui peut paraître prodigieux.

« Le prodige, poursuit Saint-Simon, c'est qu'en très peu de temps, la dévotion et la grâce en firent un autre homme et changèrent tant et de si redoutables défauts en vertus parfaitement contraires. De cet abîme on vit sortir un prince affable, doux, humain, généreux, patient, modeste, humble et austère pour lui. Il ne pense plus qu'à allier ses devoirs de fils et de sujet à ceux auxquels il se voyait destiné. »

On nous a rapporté le récit d'une de ces scènes où se manifestent le caractère emporté du jeune prince et en même temps l'art noble et insinuant dont se servait Fénelon pour faire plier cette nature rebelle. C'était surtout à la sensibilité, à la générosité du jeune prince qu'il s'adressait. Un jour Fénelon lui avait adressé des reproches sévères. Le jeune homme se révolta, et s'armant de sa dignité et de sa naissance, il répondit à son précepteur : « Non, monsieur, je sais qui je suis et qui vous êtes ». Fénelon ne lui répondit pas, ne lui adressa plus la parole et parut profondément triste. Le lendemain au matin, Fénelon se présente chez le duc de Bourgogne, et répondant à la hautaine offense de la veille, il lui dit : « Je ne crains pas de vous dire que je suis plus que vous. Il n'est pas question ici de la naissance. Vous ne sauriez douter que je ne sois au-dessus de vous par les lumières et les connaissances ; vous ne savez que ce que je vous ai appris, et cela n'est rien comparé à ce qu'il me resterait à vous apprendre. Quant à l'autorité, vous n'en avez aucune sur moi ; et moi, au contraire, je l'ai pleine et entière sur vous. Vous croyez peut-être que je m'estime fort heureux d'être pourvu de l'emploi que j'exerce auprès de vous. Désabusez-vous, monseigneur ; je ne m'en suis chargé que pour obéir au roi ; et afin que vous n'en doutiez pas, je vais vous conduire chez Sa Majesté pour la supplier de vous en nommer un autre dont je souhaite que les soins soient plus heureux que les miens. » Le duc de Bourgogne fut atterré par cette déclaration. Il pleura et supplia. Fénelon mit un jour à se laisser fléchir et parut ne céder qu'aux instances de Mme de Maintenon.

Cette méthode fière et douce eut un succès extraordinaire; peut-être même, dit-on, trop de succès. Fénelon, en se laissant aller au plaisir de dompter une si violente nature, ne vit pas qu'il en brisait les ressorts. Le duc de Bourgogne ne fut pas plus tard le héros qui semblait s'annoncer en lui. Fénelon, dans la suite, lorsqu'il était archevêque de Cambrai, eut à le censurer encore, mais à un point de vue tout différent [1]. Il lui reproche la faiblesse de caractère et une trop grande tendance à se laisser conduire par les autres. Il lui reproche en outre une dévotion trop méticuleuse. On est frappé aussi du ton haut et impérieux avec lequel il lui parle. Il semble ne voir encore en lui qu'un enfant et un élève, au moment où il est général d'armée. Ce n'était pas le moyen de lui donner du ressort. On se demande si Fénelon, devenu premier ministre, eût été un auxiliaire commode au souverain. Il nous semble que Louis XIV, même jeune homme, ne se serait jamais laissé parler ainsi. Mais la responsabilité développe les hommes, et l'on ne peut savoir au juste ce qu'eût été le duc de Bourgogne s'il eût jamais dû avoir le poids et l'honneur de la royauté.

Voilà pour l'éducation. Quant à l'instruction, Fénelon ne s'en occupait point directement. C'était l'abbé Fleury qui en était chargé sous sa direction. Voici d'ailleurs deux plans d'études trouvés dans

---

1. Voir Lettres au duc de Bourgogne, 24 septembre et 15 octobre 1708. (*Correspondance*, t. I, p. 237 et 252.)

les papiers de l'abbé Fleury et écrits en entier de la main de Fénelon :

1695. « Je crois qu'il faut, le reste de cette année, laisser le duc de Bourgogne continuer ses thèmes et versions, comme il les fait actuellement.

« Les thèmes sont tirés des *Métamorphoses* d'Ovide, le sujet est fort varié ; il lui apprend beaucoup de mots et de tours latins ; il le divertit ; et comme les thèmes sont ce qu'il y a de plus épineux, il faut y mettre le plus d'amusement qu'il est possible.

« Les versions sont alternativement d'une comédie de Térence et d'un livre des odes d'Horace ; il s'y plaît beaucoup ; rien ne peut être meilleur ni pour le latin ni pour former le goût. »

Comme livres de lecture, on était bien embarrassé. Fénelon conseille l'*Histoire monastique* de M. Bulteau. On devait lui faire lire aussi le *De Re rustica* de Caton et de Columelle, les *Géorgiques*, l'*Histoire* de Cordemoy, « et quelque chose des auteurs de notre histoire.... Ces auteurs sont assez ridicules pour le divertir. » Singulier encouragement à les lire ; enfin il recommandait l'*Histoire d'Angleterre* de l'abbé Fleury.

L'année suivante, les lectures sont d'un ordre plus élevé. Fénelon recommande l'Ecriture et, en particulier les livres *Sapientiaux*, un choix de lettres des Pères, saint Jérôme, saint Augustin, saint Cyprien et saint Ambroise : « Les *Confessions* de saint Augustin ont un grand charme en ce qu'elles sont pleines de peintures variées et de sentiments tendres ». On voit ici le goût de Fénelon pour le romanesque : car les *Confessions* sont un vrai roman, et non moins troublantes qu'un roman.

Ce qui est à remarquer dans ce plan d'études, c'est le peu de livres modernes et français que l'on avait alors à sa disposition dans l'éducation des jeunes gens. Fénelon, avec raison, recommandait la lecture de l'histoire; mais il n'y avait pas de bons historiens. Rien de plus court et de plus incomplet que ce programme de lectures.

A défaut de bons livres, Fénelon, comme Bossuet, en composa lui-même, et c'est par là que cette éducation a eu des conséquences en littérature; mais, tandis que les œuvres de Bossuet composées ainsi, l'*Histoire universelle*, la *Connaissance de Dieu et de soi-même*, sont de grands livres, adressés aux hommes et dépassant la sphère de leur objet primitif, ceux de Fénelon sont restés des livres faits pour l'éducation. Les uns s'adressent à l'enfant : ce sont les *Fables*; les autres, à l'adolescence et à la jeunesse : ce sont les *Dialogues des morts*. Cependant, quoique composés au point de vue de l'éducation, ils ont conservé en eux-mêmes une valeur durable par les qualités fines de composition et de style qui les distinguent.

Les *Fables* de Fénelon ont le désavantage d'être en prose, et non en vers, et par là elles sont moins faciles à retenir dans la mémoire que les fables en vers, par exemple celles de La Fontaine et même celles de Florian; et il y a toujours plus de charme dans les vers que dans la prose. Elles sont encore très inférieures à celles de La Fontaine pour les qualités rares qui mettent le fabuliste au premier rang de nos grands poètes. On n'y trouvera ni ce grand talent descriptif, ni cette philosophie profonde, ni cette peinture des caractères et des passions, ni cette naïveté et originalité de style qui font de La Fontaine un écrivain unique dans notre langue. Et cependant les *Fables* de Fénelon sont encore au nombre des meilleures qui aient été écrites. Elles ont une couleur aimable et riante; elles sont faites pour l'enfance, elles ont de l'esprit et du sentiment; la langue en est charmante, pleine de grâce et de douceur.

Il faut remarquer que l'on a réuni sous le nom de fables toutes sortes de compositions d'un caractère tout différent. On y trouvera par exemple : 1° de véritables contes de fées : *Histoire d'une vieille reine et d'une jeune paysanne*; *Histoire de la reine Gisèle et de la fée Corréante*; *Histoire de Florise*; *Histoire de Rosimond et de Braminte*; — 2° des épisodes poétiques et romanesques, analogues à ceux du *Télémaque*, par exemple : *Aventures de Mélésichton*; *Aventures d'Aristonoüs*; — 3° de petites nouvelles, telles que la charmante *Histoire d'Alybée*; — 4° des allégories, par exemple le *Voyage dans l'île des Plaisirs*. Les fables proprement dites ne sont guère qu'au nombre de vingt. Voici quelques-unes des plus agréables :

Dans *l'Abeille et la Mouche*, Fénelon met en opposition la violence et l'orgueil, représentés par l'abeille, la pauvreté et la simplicité par la mouche. Les paroles de la pauvre mouche sont touchantes : « Nous vivons comme nous pouvons, répondit la mouche : la pauvreté n'est pas un vice ; mais la colère en est un grand. Vous faites du miel qui est doux, mais votre cœur est toujours amer ; vous êtes sages dans vos lois, mais emportées dans votre conduite. Votre colère, qui pique vos ennemis, vous donne la mort, et votre folle cruauté vous fait plus de mal qu'à personne. »

Dans la fable *les Deux Renards*, Fénelon oppose l'avare prudence de la vieillesse à la folle intempérance de la jeunesse. « L'un, qui était jeune et ardent, voulait tout dévorer ; l'autre, qui était vieux et avare, voulait garder quelque provision pour l'avenir.... Le jeune mange tant qu'il se crève... ; le vieux, qui se croit plus sage, veut le lendemain retourner à sa proie et est assommé par le maître. »

Le *Jeune Bacchus et le Faune* sont à l'adresse directe du duc de Bourgogne. Un vieux faune se moque du jeune Bacchus : « Comment, dit celui-ci d'un ton fier et impatient, comment oses-tu te moquer du fils de Jupiter ? » — Le Faune répondit sans s'émouvoir : « Hé ! comment le fils de Jupiter ose-t-il faire des fautes ? »

La fable *le Rossignol et la Fauvette* est plutôt une idylle, une gracieuse poésie lyrique qu'une véritable fable. Ce sont les deux oiseaux chanteurs qui célèbrent les louanges du jeune prince, et qui le jugent sinon tel qu'il est, du moins tel qu'il devrait être. Philomèle dit : « Que ce jeune héros croisse en vertu, comme une fleur que le printemps fait éclore! qu'il aime les doux jeux de l'esprit! que les grâces soient sur ses lèvres! que la sagesse de Minerve règne dans son cœur! » La fauvette répondit : « Qu'il égale Orphée par les charmes de sa voix, et Hercule par ses hauts faits! qu'il porte dans son cœur l'audace d'Achille, sans en avoir la férocité! qu'il soit bon, qu'il soit sage, bienfaisant, tendre pour les hommes, et aimé d'eux. » Puis les deux oiseaux inspirés reprennent ensemble : « Il aime nos douces chansons : qu'elles entrent dans son cœur comme la rosée tombe sur nos gazons brûlés par le soleil! Que les dieux le modèrent, et le rendent toujours fortuné!... que l'âge d'or revienne par lui! » Ces douces paroles étaient-elles de la flatterie? Non; car on sait que Fénelon ne gâtait pas son élève; mais elles présentaient à celui-ci une image embellie de lui-même, afin de lui inspirer le désir et lui prêter la force d'atteindre à la réalité de cette image.

Les *Dialogues des morts* appartiennent à cette forme littéraire ingénieuse et agréable que nous ont léguée les anciens, et dans laquelle Lucien était passé maître. Celui-ci s'en était servi, en quelque sorte, comme d'un succédané de la satire. Fénelon s'en sert comme d'un moyen d'éducation. A chaque pas on y trouve des allusions au duc de Bourgogne. Dans le dialogue de *Mercure et Charon*, le premier s'exprime ainsi en parlant du jeune prince : « Je pense qu'il aimera la paix et saura faire la guerre. On voit en lui le commencement d'un grand prince, comme on remarque dans un bouton de rose naissant ce qui promet une belle fleur.... Il est impétueux, mais il n'est pas méchant ; il est curieux, doux, plein de goût pour les belles choses.... S'il peut surmonter sa promptitude et sa paresse, il sera merveilleux. — Quoi ! prompt et paresseux, cela se contredit ! — Non ; il est prompt à se fâcher, et paresseux à faire ses devoirs, mais chaque jour il se corrige. » — Dans le dialogue entre *Chiron et Achille*, il est également question du caractère bouillant du jeune prince : « La jeunesse est une étrange maladie ; elle serait charmante si on pouvait la rendre modérée. Toi, qui connais tant de remèdes, n'en as-tu point quelqu'un pour guérir cette fougue, ce bouillon du sang, plus dangereux qu'une fièvre ardente ? » — Dans le dialogue d'*Achille et Homère*, il montre les moyens de faire naître dans le cœur d'un jeune prince l'amour des belles-lettres et de la gloire, et il nous apprend ce qu'un héros doit à un grand poète.

Ce que les *Dialogues* ont surtout pour objet, ce n'est pas seulement la morale en général, comme dans les *Fables* ; c'est la morale unie à la politique. Le dialogue de *Romulus et Rémus* est une sorte de réfutation de Machiavel. Il nous enseigne que la grandeur obtenue par le crime ne saurait donner ni plaisir ni bonheur durable ; celui de *Romulus et Tatius* enseigne que le véritable héroïsme est incompatible avec la violence et la fraude; et celui de *Romulus et Numa* que la gloire d'un roi pacifique est préférable à celle d'un conquérant. Ce sont là, dira-t-on, des lieux communs : oui, si ces dialogues s'adressaient à nous qui avons cent fois entendu ces grandes et banales moralités : mais ce ne sont plus des lieux communs lorsqu'on réfléchit qu'il s'agit d'élever un prince qui sera roi de France et qui succédera à Louis XIV. Préférer la paix à la guerre, la douceur à la violence, et la bonne foi à la fraude, c'est toute une politique; c'est indiquer et faire pressentir un changement de système dans le gouvernement. Il y a donc là autre chose que de la rhétorique.

Mêmes observations sur le dialogue suivant, *Pisistrate et Solon* : Que la tyrannie est plus funeste au souverain qu'au peuple. Dans *Socrate et Alcibiade*, nous trouvons un sentiment d'humanité et de libéralité qui n'est pas du siècle, et qui fait pressentir Montesquieu : « La servitude des ilotes ne vous paraît-elle pas contraire à l'humanité?... Est-il permis à une partie des hommes de traiter l'autre comme des bêtes de charge?... Le peuple subjugué est toujours peuple.... Chacun doit infiniment plus au genre humain, qui est la grande patrie, qu'à la petite patrie dans laquelle il est né. » — Et toujours les mêmes objurgations contre la guerre : « La guerre est un mal qui déshonore le genre humain.... Toutes les guerres sont civiles; c'est toujours l'homme contre l'homme. » Enfin, Fénelon recommande le règne de la loi : « Celui qui gouverne doit être le plus obéissant à la loi ». — Point de monarchie absolue : « Les Perses se sont mis dans un tel esclavage sous ceux qui devraient faire régner les lois, que ceux-ci règnent eux-mêmes et qu'il n'y a plus d'autre loi réelle que leur volonté absolue ». Un autre dialogue, celui de *Dion et Gélon*, est consacré à cette maxime, renouvelée des anciens : « Ce n'est pas l'homme qui doit régner : ce sont les lois ». — « Il ne faut pas que l'homme règne; il faut qu'il se contente de faire régner les lois; s'il prend la royauté pour lui, il la gâte et se perd lui-même. » Dans le dialogue entre *César et Caton*, il est prouvé que « le pouvoir absolu, loin d'assurer le repos et l'autorité des princes, les rend malheureux et entraîne leur ruine ». Nous retrouverons toutes ces maximes dans le *Télémaque* ou dans la politique de Fénelon. Ce qui ressort de toute cette éducation, c'est l'aversion et la condamnation du pouvoir absolu : et c'était à la cour de Louis XIV, en sa présence et à son petit-fils, que cette politique s'adressait. Rien ne prouve mieux la liberté et l'indépendance qui étaient laissées à Fénelon dans ses fonctions délicates; ce ne fut point là l'écueil de sa fortune : il le trouva ailleurs, et nous avons maintenant à raconter la grande crise de sa vie [1].

---

1. Comme développement de ce chapitre, nous renvoyons à l'intéressant ouvrage de M. Bizos, *Fénelon éducateur* (Paris, 1889).

CHAPITRE IV

FÉNELON ET MADAME GUYON

Deux femmes ont exercé une influence souveraine sur la carrière de Fénelon, et ont contribué l'une et l'autre à couper court à sa fortune : Mme Guyon et Mme de Maintenon, d'abord amies entre elles et ensuite ennemies.

Il est difficile d'imaginer deux femmes plus différentes. L'une semble la raison même, l'autre presque la folie. Mme Guyon ne vit que de vie intérieure, et regarde comme rien tout ce qui vient du dehors; Mme de Maintenon ne vit que de considération, et pour elle les devoirs extérieurs l'emportent sur tout. L'une a été captive et est morte dans l'oubli; l'autre a été reine et a vécu dans la grandeur. Malgré tant de différences, il fallait qu'il y eût entre elles quelques points de contact, puisqu'elles se sont aimées quelque temps et ont eu un ami commun. C'est que Mme de Maintenon, malgré ce que l'on dit de sa sécheresse et de sa froide raison, avait un coin de mysticisme. Elle méprisait profondément le monde auquel elle devait tout ; elle détestait la vie, qui avait été pour elle si prospère ; elle avait besoin d'aimer et de se réfugier en Dieu. De là l'attrait qu'elle trouvait dans la société de Fénelon et de Mme Guyon. Celle-ci, de son côté, qui, dans sa *Vie écrite par elle-même* [1], nous paraît le contraire de la raison froide, qui était tout enthousiasme, toute extase, tout amour, avait aussi son côté profane et mondain. Elle aimait à plaire et elle savait plaire. Comment croire que, dans cette société si distinguée et si éclairée, des Beauvillier, des Chevreuse, à Saint-Cyr, chez Mme de Maintenon, devant Fénelon lui-même, elle se soit d'abord fait connaître avec toutes ses étrangetés et excentricités d'hystérique, qui devaient plus tard révolter Bossuet ? Sans doute, avec la ruse familière aux femmes nerveuses, elle savait effacer, dissimuler ce qui eût été ridicule et odieux. Elle conservait la langue mystique, mais sans se compromettre aux yeux du monde. Elle devait avoir la parole fascinante et éblouissante. Il en reste quelque chose dans ses écrits. Le *Moyen court* et les *Torrents* sont d'une langue brillante et noble qui ne manque même pas de précision,

---

1. Sur Mme Guyon, voir sa *Vie écrite par elle-même* (Cologne, 1740). Malgré ce titre, il n'est pas probable que cet ouvrage ait été écrit entièrement par elle ; mais il aura été composé sur les mémoires qu'elle avait confiés à Bossuet. Le fond en est certainement authentique. Voir aussi l'excellente thèse de M. Guerrier présentée à la Faculté des lettres de Paris : *Mme Guyon, sa vie, sa doctrine*, 1881.

autant qu'il peut y en avoir dans le vague absolu. Pour avoir entraîné Fénelon jusqu'à l'entêtement, pour avoir séduit Mme de Maintenon, elle a dû se faire plus raisonnable qu'elle ne l'était en réalité. Mme de Maintenon, au contraire, était peut-être, au fond, moins raisonnable qu'en apparence, ce qui explique la séduction. Cependant, lorsqu'au moment critique elle eut à choisir entre une piété indépendante et la foi officielle, surtout lorsqu'elle vit son crédit et son pouvoir compromis par des accointances dangereuses, elle se retrouva telle qu'elle avait toujours été, pleine de sens, de raison, de calcul et de renoncement.

Qu'était-ce donc que Mme Guyon, qui fit tant de bruit à la fin du xviie siècle, qui mit en feu la cour et l'Église, qui divisa les plus grands prélats du siècle et dont le nom est devenu inséparable de celui de Fénelon? Elle était née à Montargis en 1648, d'une famille de petite noblesse, les de la Mothe. Elle fut malade dès sa naissance et passa pour morte à plusieurs reprises : ce qui recula son baptême. Elle fut très négligée par sa mère, quoique celle-ci fût, dit-elle, d'une grande piété et d'une grande charité. Mais ces vertus ne l'empêchaient pas d'abandonner sa fille à des domestiques et de concentrer toute son affection sur son fils. Jusqu'à quel point faut-il croire Mme Guyon dans les accusations très sévères qu'elle fait peser sur la conduite de son père et de sa mère à son égard, sur son mari, sur sa belle-mère, tout en vantant toujours leurs vertus? Son imagination exaltée a pu lui faire voir partout autour d'elle des inimitiés ou des négligences qui n'avaient pas peut-être la gravité qu'elle supposait. Son système nerveux la prédisposait au délire des persécutions. Quoi qu'il en soit, elle fut élevée au couvent par une sœur aînée pour laquelle elle témoigna beaucoup de tendresse. Revenue dans sa famille, elle reconquit l'affection de sa mère, qui commença à être fière de sa beauté et de son esprit, car elle ne nous laisse pas ignorer qu'elle avait l'une et l'autre. Elle avait aussi une santé déplorable, et fut saisie à plusieurs reprises de maladies extraordinaires. A peine à l'âge de douze ou de quatorze ans, on commença à parler de la marier, on lui présenta plusieurs partis qui par la naissance et les agréments extérieurs auraient pu lui plaire. Malheureusement les parents, cherchant avant tout la fortune, la livrèrent, à l'âge de quinze ans, à un M. Guyon qui avait vingt ans de plus qu'elle, qui était goutteux, qui passait la plus grande partie de sa vie dans son lit, et dont elle fut la garde-malade, plus que l'épouse. C'était du reste, s'il faut en croire le témoignage de sa femme, un homme d'un caractère violent et brutal et fort au-dessous d'elle, non seulement par l'esprit, mais encore par la naissance et par les manières. C'est ainsi que dans ces temps dont on nous vante si haut l'esprit de famille, on mariait une enfant sans la consulter, sans qu'elle connût son mari (elle ne le vit que deux jours avant son mariage), uniquement pour de l'argent, puisqu'il n'y avait pas même de nom, et cela dans une famille chrétienne. S'il faut en croire Mme Guyon, elle eut beaucoup à souffrir non seulement de l'humeur de son mari, mais aussi de celle de sa belle-mère, beaucoup plus violente encore ; cette belle-mère paraît avoir été pour elle une véritable mégère : ce fut une persécution de tous les instants. Pour combler la mesure, une domestique de la maison, jalouse et hypocrite, ne cessait, de son côté, de la violenter, de l'humilier, de l'injurier d'une manière odieuse, tout en se plaignant de son côté à ses maîtres des prétendues injures que sa maîtresse lui faisait. Cette vie domestique était un enfer pour Mme Guyon. Elle n'eut d'autre consolation que la piété. Toute son enfance, elle avait été pieuse, et même elle avait demandé à être religieuse. Cependant la piété ordinaire ne lui suffisait pas. Les actes extérieurs de la religion, la confession, la prière, même la communion, étaient impuissants soit à vaincre ses défauts, dont les deux principaux étaient la colère et la vanité, soit à la consoler de ses chagrins. Mais un jour elle rencontra une religieuse qui lui fit connaître le mystère d'une vie supérieure, et lui apprit à *faire oraison*. Dès lors elle fut sauvée, et sa doctrine fut fixée. Qu'était-ce donc que faire oraison ? Elle ne le dit pas dans sa *Vie* ; nous l'apprendrons par ses écrits. Ce que nous pouvons dire ici, c'est que l'oraison est un acte simple, indistinct, où l'âme s'abandonne à Dieu sans paroles et sans aucune notion précise, acte qui tient lieu, selon les mystiques, des actes ordinaires de la religion. Depuis ce temps, l'état d'oraison devint habituel à Mme Guyon; mais ce fut un nouveau sujet de troubles et de persécutions dans sa famille. Le mari, la belle-mère, la vieille domestique favorite ne pouvaient ni comprendre, ni supporter ces abandons, ces silences, ces extases qui remplaçaient la piété positive et précise exigée des simples fidèles. On ne lui permettait pas de se retirer dans sa chambre; on se fâchait quand elle restait en silence, quoique auparavant on lui reprochât de trop parler et de faire le bel esprit. Rien n'y faisait cependant; et malgré tout, et malgré tous, au milieu de la famille et même du monde, elle trouvait moyen de faire oraison. Mais le mal intérieur, le péché n'était pas encore entièrement déraciné. Il revenait toujours. Quand elle allait à Paris notamment, elle se laissait reprendre à la vanité. Elle était bien aise de plaire; elle allait au Cours pour être vue; elle portait encore la gorge trop découverte, quoique beaucoup moins qu'on ne le faisait autour d'elle. Elle avouait qu' « elle haïssait les passions pour elle-même, mais qu'elle ne haïssait pas de les faire naître chez les autres ». Les saintes ont de ces faiblesses. Sainte Thérèse raconte que dans sa jeunesse elle avait de petits rendez-vous en cachette avec des jeunes gens et qu'elle se laissait embrasser par eux; mais c'était avant sa sainteté. Chez Mme Guyon, la sainteté ne la défendait pas encore complètement de la vanité mondaine, sans qu'il y eût du reste rien de coupable. Jamais, quelques efforts qu'on ait faits depuis pour la trouver en faute, jamais on n'a rien surpris dans sa vie contre les mœurs[1]. Elle était peut-être d'ailleurs défendue contre cette sorte de péché par l'insensibilité, car elle nous dit que son âme et son corps étaient nettement séparés, que « son corps faisait la chose comme s'il ne la faisait pas. Je crois que j'en dis assez pour me faire entendre. » Il est vrai que ce sont précisément ces sortes de séparations qui ont fait croire à certains mystiques qu'ils étaient innocents de tout ce qui se passait dans la région du corps, et que la sainteté une fois acquise ne pouvait plus être perdue, quelles que fussent d'ailleurs les actions corporelles. Mais Mme Guyon n'a jamais enseigné cette doctrine.

Cependant il lui restait encore bien des attaches du côté du corps, elle faisait des efforts surprenants pour mortifier ses sens. Elle allait pour cela jusqu'aux actes les plus rebutants et, pour tout dire, les plus ignobles. Ses états, qu'elle qualifie de spirituels, paraissent avoir été, dans certains cas, des états nerveux analogues à ceux de nos hystériques. De ce

---

1. La seule pièce compromettante à ce point de vue pour Mme Guyon est la lettre que lui a adressée, du château de Vincennes où il était enfermé, le Père Lacombe, et où il lui dit : « Je reconnais sincèrement qu'il y a eu du péché dans certaines choses qui sont arrivées avec trop de liberté entre nous ». (25 avril 1698, *Œuvres* de Bossuet, t. XLI, p. 194.) Mais, le P. Lacombe étant tombé fou quelques mois après, son témoignage est très suspect.

genre est ce passage recueilli par Bossuet dans la *Vie* manuscrite qu'elle lui avait confiée, passage qui ne se retrouve pas dans la *Vie* imprimée. Elle prétendait avoir le don de répandre la grâce autour d'elle : « Ceux qui sont près de moi, disait-elle, sont nourris intimement de la grâce communiquée par moi en plénitude. Je me sentais peu à peu vidée et soulagée.... C'était comme un éclair qui se décharge avec profusion, on se sentait rempli et moi je me sentais vidée. » Elle était « comme une nourrice qui crève de lait ». Elle ajoutait : « Je suis dans un état nu et vide en apparence ; je ne laissais pas d'être très pleine. Une eau qui remplirait un bassin, tant qu'elle se trouve dans les bornes de ce qu'il peut contenir, ne fait rien distinguer de sa plénitude ; mais qu'on lui verse une eau surabondante, il faut qu'il se décharge ou qu'il crève. » On pourrait croire qu'il ne s'agit que de métaphores : malheureusement Mme Guyon parlait au propre et allait jusqu'à crever au sens exact du mot : « C'est dans un de ces accès de plénitude, dit Bossuet, qu'une fois, environnée de quelques personnes, elle leur dit qu'elle mourait de plénitude, et que cela surpassait ses sens au point de la faire crever ». Ce fut à cette occasion que la duchesse de Béthune « me délaça, dit-elle, pour me soulager, ce qui n'empêcha pas que, par la violence de cette plénitude, mon corps se creva des deux côtés [1] ». Elle avait encore

1. Voir Bossuet, *Relation sur le quiétisme* (*Œuvres*, t. XXVII, p. 532-533). — *Corps* signifie ici évidemment corsage ou

la prétention d'aller jusqu'au don de prophétie ou de miracle, s'il faut en croire Bossuet, qui a eu sous les yeux la *Vie* manuscrite : mais la *Vie* imprimée paraît avoir été expurgée de ces illusions qui touchaient de trop près à l'hérésie.

Dans cette vie vouée entièrement à la dévotion, les principaux événements sont les maladies, les grossesses et les intermittences de piété et d'indifférence : on peut en voir le récit dans sa *Vie*. Disons seulement qu'elle eut quatre grossesses successives, et quatre enfants, dont elle perdit l'aînée par la petite vérole. Elle ne nous donne aucun détail sur eux ; et nous verrons plus loin jusqu'où elle poussa l'indifférence à leur égard.

Mais bientôt la vie de Mme Guyon fut complètement changée. Elle perdit son mari après l'avoir soigné comme eût fait une sœur de la Charité. Elle eut à s'occuper des affaires assez compliquées de la succession ; et elle s'étonna elle-même de la facilité avec laquelle elle se mit au courant de ce qu'elle n'avait jamais appris. Elle fit preuve en cette circonstance de cette aptitude aux affaires que l'on a souvent remarquée chez les mystiques. La mort de son mari ne rendit pas sa belle-mère plus sociable. Celle-ci continua à la tracasser et à la persécuter de toutes manières, au point qu'elles furent obligées

corset. Ce ne fut donc pas seulement une affaire d'imagination, car Bossuet parle plus loin « de la rupture de ses habits en deux endroits ». C'était donc un gonflement réel et de nature hystérique.

de se séparer l'une de l'autre. Une fois la séparation effectuée, la belle-mère revint à des sentiments plus raisonnables ; elle paraît avoir enfin compris le mérite de sa belle-fille, et elle fit amende honorable pour toutes les injures qu'elle lui avait fait subir.

Il y eut alors une éclipse de quelques années dans la vocation religieuse de Mme Guyon. Elle tombe dans cet état de desséchement que les mystiques ont si souvent décrit. On ne sait pas trop au juste en quoi consistaient ces infidélités. Elle dit que tout le monde la blâme et qu'elle a perdu sa réputation. Il n'est nullement probable qu'il s'agisse ici de quelque irrégularité quant aux mœurs, mais seulement d'un relâchement de piété, surtout de piété extérieure. Elle n'allait plus à l'église comme auparavant, elle n'avait plus les saintes inspirations de la vie dévote. Cet état de sécheresse finit par la rencontre d'un homme destiné à avoir une grande influence sur sa vie, le P. Lacombe. Elle nous donne très peu de détails sur ce personnage qui paraît plutôt avoir été introduit par elle dans la vie mystique, que la lui avoir ouverte. Toujours est-il qu'il y eut dès l'abord une remarquable union de sentiments et de volontés entre ces deux âmes, et que, même de loin, elles continuèrent à communier par l'esprit. Elle se trouva alors dans un état d'âme tellement singulier que les dogmes de la religion semblent lui être devenus indifférents, et qu'elle eut même un instant la pensée de se faire protestante ; elle résista à ces tentations ; mais ce fut sans doute de ces vues fugitives que sortit la singulière inspiration qui allait changer sa vie, à savoir de quitter sa famille et d'aller à Genève. Pourquoi Genève? Elle ne nous le dit pas : elle semble obéir à quelque autosuggestion, semblable à celles que l'on a si bien étudiées de nos jours sur les hystériques. Elle écrivit donc à l'évêque de Genève pour lui manifester son intention. Celui-ci, charmé de voir arriver dans son diocèse une femme si sainte et si riche, essaya de diriger vers un but précis la pieuse inspiration de sa cliente. Il y avait alors, dans le pays de Genève, avec succursale à Paris, un couvent de sœurs, connues sous le nom de *Nouvelles Catholiques*. C'étaient des filles protestantes converties au catholicisme. Nous avons vu que Fénelon avait été aumônier dans le couvent de Paris. A cette ouverture du prélat genevois, Mme Guyon, qui ne voulait jamais se proposer un but précis, répondit avec froideur par cette singulière raison que ces religieuses n'étaient pas à Genève, mais à Gex (qui est tout près de Genève), et que l'inspiration d'en haut qui l'avait frappée ne lui avait parlé que de Genève. Cependant elle se mit en relation avec les sœurs de Paris; mais elle ne fit que se convaincre davantage que ce n'était pas là ce qu'il lui fallait. Telle que nous la connaissons en effet, le passage d'un dogme à un autre, du protestantisme au catholicisme, devait lui paraître d'assez peu d'importance, à côté de la vraie vie religieuse, qui était pour elle si fort au-dessus de l'un et de l'autre. Cependant sa résolution restait ferme; elle en parlait à tout le monde. Toutes les personnes sages l'en détournaient, comme d'une chose extraordinaire et déraisonnable. Au contraire, ses correspondants mystiques, entre autres le P. Lacombe, l'encourageaient à écouter la voix de Dieu. Elle se décida donc et partit avec sa fille, âgée de cinq ans, mais abandonnant deux autres enfants, dont elle ne s'occupa plus jamais : elle avait sur la famille les sentiments d'Orgon. Cet abandon des devoirs maternels fut une des choses qui lui furent le plus reprochées plus tard, quoique Bossuet, qui l'a souvent traitée si durement, n'ait rien dit sur cette circonstance; on s'étonne qu'une nature affectueuse comme celle de Fénelon ait été assez égarée par les théories mystiques pour se laisser séduire par une personne aussi déraisonnable, sacrifiant les devoirs les plus sacrés à un prétendu état de perfection dont elle se prétendait seule juge, et qui n'était que l'œuvre déréglée de son imagination. La voilà donc partie; et, par une nouvelle incohérence, elle se fixa précisément chez les *Nouvelles Catholiques*, dont elle avait dit d'abord qu'elle ne pourrait s'entendre avec elles. Elle demeura chez elles plusieurs mois; l'évêque lui offrit d'en être la supérieure, mais elle ne voulut pas déroger à la règle du couvent en acceptant d'être supérieure sans avoir été novice. Au fond elle avait trop d'indépendance d'esprit pour supporter la servitude de l'état religieux. En même temps, pour se détacher complètement du monde, elle règle ses affaires particulières, abandonne sa fortune à ses héritiers, en réservant, je suppose, les droits de ses enfants, et se contentant pour elle-même d'une pension viagère. Une fois privée de sa fortune, il ne semble plus qu'elle ait été l'objet des mêmes soins de la part de l'évêque et des religieuses : toujours est-il qu'elle se sépara de celles-ci et qu'elle alla vivre à la campagne avec sa petite fille. C'est là que lui arriva un incident qu'elle appelle un miracle et qui est aujourd'hui tout à fait expliqué par la science actuelle. Elle avait depuis plusieurs mois une toux opiniâtre que rien ne pouvait soulager. Le P. Lacombe n'eut qu'à lui dire : « Ne toussez plus », et la toux cessa comme par enchantement. Dans ce miracle nous voyons aujourd'hui la preuve de ses dispositions hystériques : car c'est un cas de suggestion des plus caractéristiques qu'elle rapporte évidemment sans le comprendre.

A partir de ce moment, Mme Guyon n'eut plus qu'une vie errante et sans but. Elle alla à Turin, à Grenoble, à Marseille, à Alexandrie, à Gênes, à Verceil. Elle ne se demande pas une seule fois à quoi lui a servi cette inspiration du ciel qui l'avait poussée à aller à Genève, où elle est restée à peine un jour. Elle s'était brouillée avec les *Nouvelles Catholiques*, avec les Ursulines, avec l'évêque de Genève à cause de ses prétendues révélations. On disait pis que pendre d'elle et de son directeur, le P. Lacombe, sur lequel on faisait mille histoires. Elle avait voyagé soi-disant en croupe après lui, ou dans un même carrosse qui avait versé.

Tout le monde était contre elle; mais de temps en temps elle rencontrait une âme pieuse qui la recevait et se nourrissait de sa parole. A Grenoble surtout, elle eut une sorte d'apostolat. Elle recevait de six heures du matin à huit heures du soir; mais tout ce bruit la fit bientôt renvoyer de Grenoble. Enfin, après de nombreuses aventures trop longues à raconter et dignes du roman, elle se décida à revenir à Paris avec le P. Lacombe : il y avait cinq ans qu'elle était partie de France. C'était là qu'elle devait trouver de plus graves persécutions.

Toutes sortes d'imputations fâcheuses s'étaient à l'avance répandues à Paris contre Mme Guyon et son directeur, soit au point de vue des doctrines, soit au point de vue des mœurs. Le grand meneur de cette intrigue, au dire de Mme Guyon elle-même, était son propre frère, le P. de la Mothe, jaloux d'une part des succès du P. Lacombe comme prédicateur et furieux de l'autre de n'avoir pas eu sa part des biens de sa sœur lorsqu'elle avait tout abandonné à ses parents. On avait mis le P. Lacombe à la Bastille et l'on enferma sa pénitente au couvent de la Visitation de la rue Saint-Antoine. L'intervention d'une des femmes les plus saintes de Paris, connue aussi par des aventures extraordinaires, Mme de Miramion, mit fin à cette prévention. Mme de Miramion était très bien avec Mme de Maintenon; celle-ci à son tour s'intéressa à Mme Guyon, plaida sa cause auprès de Louis XIV et la fit sortir du couvent après six mois de captivité (15 sept. 1688). Ce fut alors pour elle une période de gloire et de triomphe. C'est à cette époque qu'elle fit la connaissance de Fénelon.

Fénelon, aumônier au couvent des *Nouvelles Catholiques*, avait dû entendre parler de Mme Guyon lors des premières démarches de celle-ci pour entrer dans le couvent. Ayant eu occasion d'aller à Montargis, il avait aussi entendu là parler d'elle comme d'une sainte. Puis, lorsqu'après sa sortie de captivité elle fut accueillie par ce qu'il y avait de plus distingué dans le monde dévot de Paris, elle rencontra tout d'abord des amies de Fénelon; et bientôt après, elle le rencontra lui-même : « Il la vit, dit Saint-Simon; leur esprit se plut l'un à l'autre; leur sublime s'amalgama ». La première rencontre eut lieu chez la duchesse de Béthune. C'était à la campagne. Fénelon revint à Paris en carrosse avec Mme Guyon, accompagnée d'une des femmes de la duchesse. On ne peut assez admirer avec quelle facilité les saints et les saintes se mettent dans des situations délicates. Sans doute il y avait un témoin; mais plusieurs heures de conversation sur l'amour pur entre deux personnes encore jeunes et aussi remarquables par la beauté que par l'esprit ne sont pas sans quelque danger. Au reste, Mme Guyon nous parle elle-même de sa première rencontre avec Fénelon : « Je fus tout à coup occupée de lui avec beaucoup de force et de douceur. Il me semblait que Notre-Seigneur me l'unissait très intimement et plus que tout autre ». Cependant l'attrait ne fut pas tout de suite réciproque : « Je sentis, dit-elle, que cette première entrevue ne le satisfaisait pas, qu'il ne me goûtait point, et j'éprouvai un je ne sais quoi qui me faisait tendre à verser mon cœur dans le sien; mais je n'y trouvai point de correspondance.... Je souffris huit jours entiers; après quoi je me trouvai unie à lui sans obstacle. » Bientôt le charme devint triomphant : « Il fut perverti, dit d'Aguesseau, comme le premier homme, par la voix d'une femme; ses talents, sa fortune, sa réputation même furent sacrifiés, non à l'illusion des sens, mais à celle de l'esprit ».

Par Mme de Béthune et par Fénelon, Mme Guyon fut introduite dans la petite société des Beauvillier et des Chevreuse où vivait familièrement Mme de Maintenon. Elle fut admise dans les réunions intimes où l'on parlait de piété; elle-même y parlait avec le charme et la fascination qui la distinguaient. Mme de Maintenon ne se lassait pas de l'entendre parler de l'amour de Dieu. Elle lisait le *Moyen court* et le lisait à Louis XIV, qui disait que « c'étaient des rêveries ». C'était précisément le moment où la fortune venait chercher Fénelon et en faisait le précepteur d'un prince (1689). Ainsi, ses premières relations avec Mme Guyon ne lui nuisirent en rien. Il était le directeur d'une petite cour dévote où Mme de Maintenon venait se reposer de la cour de Louis XIV. A Marly, ces petites réunions pieuses avaient lieu, et Mme Guyon y était appelée. On l'écoutait comme un oracle. Elle publia à cette époque son *Cantique des Cantiques*, commentaire hardi du *Moyen court* et des

Torrents. Saint-Cyr même ne fut pas à l'abri des influences mystiques de Mme Guyon. Elle y avait une cousine, Mlle de la Maisonfort, aussi enthousiaste qu'elle. C'est elle qui avait joué Élise dans la tragédie d'*Esther*. Mme de Maintenon, qui avait ouvert Saint-Cyr à la poésie et au théâtre, ne le défendit pas contre les entraînements de la dévotion : « Mme Guyon charma nos dames par son esprit et ses discours de piété. Elle donna ses livres à lire, et sa doctrine parut bientôt le chemin de la perfection. » Fénelon fut mis en rapport avec Mlle de la Maisonfort et il contribua pour sa part à lui faire une douce violence en l'amenant presque malgré elle à prononcer des vœux. Dès lors elle se fit apôtre : « Presque toute la maison devint quiétiste; on ne parla plus que de pur amour, de sainte indifférence; au lieu de faire leur ouvrage, les sœurs converses passaient leur temps à lire les livres de Mme Guyon ». L'indiscrétion de Mlle de la Maisonfort, qui, malgré le conseil de Fénelon, montrait ces livres à tout le monde, amena la crise qui depuis longtemps menaçait. Fénelon fut puni en quelque sorte par où il avait péché. Il avait fait de Mlle de la Maisonfort une religieuse malgré elle; ce fut l'éclat intempérant qu'elle montra dans la dévotion qui perdit et Mme Guyon et Fénelon lui-même. Voici comment Saint-Simon raconte cette crise. Selon lui, Fénelon aurait voulu supplanter l'évêque de Chartres, Godet, dans son rôle de directeur de Mme de Maintenon.

« C'était, dit-il, un étrange rival à abattre; mais quelque ancré qu'il fût, son extérieur de cuistre le rassura (Fénelon). Il le crut tel à sa longue figure malpropre, décharnée, toute sulpicienne. Un air cru, simple, un aspect niais, et sans liaison qu'avec de plats prêtres; en un mot, il le prit pour un homme sans monde, sans talent, de peu d'esprit et court de savoir…. Ce prélat n'était rien moins que ce que M. de Cambray s'était figuré. Il était fort savant et surtout profond théologien. Il y joignait beaucoup d'esprit; il avait de la douceur, de la fermeté, même des grâces…. Dès qu'il eut vent de cette doctrine étrangère, il fit en sorte d'y faire admettre deux dames de Saint-Cyr sur l'esprit et la discrétion desquelles il pouvait compter. Il les choisit parfaitement à lui et les instruisit bien. Ces nouvelles prosélytes parurent d'abord ravies et peu à peu enchantées…. M. de Chartres, par le consentement duquel Mme Guyon était entrée à Saint-Cyr et y était devenue maîtresse extérieure, laissa faire. Il la suivait de l'œil; ses fidèles lui rendaient un compte exact de ce qu'elles apprenaient en dogmes et en pratiques. Il se mit bien au fait de tout; il l'examina avec exactitude, et quand il crut qu'il était temps, il éclata [1]. »

« Mme de Maintenon fut étrangement surprise. La voilà bien en peine, puis en grand scrupule. Elle résolut à parler à M. de Cambray. Celui-ci s'em-

---

1. *Mémoires*, I, 303.

barrassa et augmenta les soupçons. Tout à coup Mme Guyon fut chassée de Saint-Cyr. M. de Chartres en profita pour faire sentir tout le danger de ce poison et pour rendre M. de Cambray suspect. Un tel revers, si peu attendu, le surprit, mais ne l'abattit pas. Il paya d'esprit, d'autorités mystiques, de fermeté sur ses étriers; ses principaux amis le soutinrent. »

Fénelon ne fut pas tout d'abord atteint par la disgrâce de Mme Guyon. C'est en 1693 que commencent les poursuites contre celle-ci : et c'est en 1695 que Fénelon est nommé archevêque de Cambrai. Les conférences d'Issy auxquelles il participa sont elles-mêmes de 1695. Rien jusque-là ne l'avait donc compromis. La crise ne vint que plus tard. Voyons d'après la correspondance même de Mme de Maintenon, quelles ont été les différentes phases de la désaffection et de la rupture qui l'éloignèrent bientôt définitivement de Fénelon. Elle était très embarrassée. Elle avait beaucoup aimé Fénelon; elle en avait fait son directeur libre et officieux. Elle l'avait recommandé à Louis XIV pour l'archevêché de Cambrai; elle s'était liée avec Mme Guyon d'après ses conseils et sur sa recommandation. D'un autre côté, sa piété était aussi ferme que vive; elle craignait l'irrégularité, et surtout elle craignait de déplaire à Louis XIV qui n'était guère mystique. Elle fit ce qu'elle put pour défendre ses amis; mais, quand la religion et la politique eurent parlé, elle n'hésita pas à les abandonner. En 1694, elle protégeait encore Mme Guyon auprès de Bossuet;

jusqu'en 1695, elle recevait des lettres intimes de Fénelon et vantait ses sermons; elle excusait ses intentions et sa faiblesse pour son amie. « M. de Fénelon, écrivait-elle, m'a protesté qu'il ne se mêlait de cette affaire que pour empêcher qu'on ne condamnât par inattention les sentiments des vrais dévots. Il n'est pas l'avocat de Mme Guyon, quoiqu'il en soit l'ami. Il est le défenseur de la piété et de la perfection chrétienne. Je me repose sur sa parole parce que j'ai connu peu d'hommes aussi francs que lui. » Mais bientôt les défiances commencèrent : « J'ai eu de grands commerces avec M. de Cambray, mais nous ne nous persuadons ni l'un ni l'autre. La froideur entre ces dames (les duchesses de Beauvillier et de Chevreuse) et moi augmente tous les jours. » Fénelon fait allusion à cette froideur dans une lettre du 6 avril 1696 : « Pourquoi vous resserrez-vous le cœur à notre égard, Madame, comme si nous étions d'une autre religion que vous ? » C'était toujours Mme Guyon qui était la pierre d'achoppement : « J'ai vu notre ami, dit Mme de Maintenon dans une lettre du 7 octobre, nous avons bien disputé;... je voudrais être aussi fidèle et attachée à mes devoirs qu'il l'est à son amie. » Vient la publication des *Maximes des Saints*, dont nous allons parler dans le chapitre suivant. Mme de Maintenon nous tient au courant des différentes phases de l'affaire : « M. de Cambray me parla un moment en particulier; il sait le mauvais effet de son livre, et il le défend par des raisons qui me persuadent de plus en plus que Dieu veut humilier ce grand esprit qui a peut-être trop compté sur ses propres lumières ». Bientôt elle rompt décidément avec le parti quiétiste, et même s'exprime là-dessus avec une certaine dureté : « Je vois chaque jour de plus en plus combien j'ai été trompée par tous ces gens-là, à qui je donnais ma confiance sans avoir la leur; car s'ils agissaient simplement, pourquoi ne me mettaient-ils pas de leurs mystères, et s'ils craignaient de les révéler, n'est-ce pas une preuve qu'ils avaient un dessein formé? » Mme de Maintenon recevait le contre-coup du mécontentement du roi : « Il me fait de grands reproches; il faut que toute la peine de cette affaire tombe sur moi ». Là finissent les relations de Fénelon avec Mme de Maintenon. Une fois parti pour Cambrai, elle ne le revit plus et n'eut plus aucun rapport avec lui; elle disparut de sa vie, en même temps du reste que Mme Guyon elle-même, que Fénelon à partir de ce moment cessa de voir absolument.

Revenons à Mme Guyon. Au moment où elle va être l'objet d'une enquête ecclésiastique dont les résultats rejailliront jusque sur Fénelon, il est nécessaire de nous rendre compte des principes de sa doctrine; et, dans ce but, nous analyserons le meilleur et le plus important de ses ouvrages, à savoir : *le Moyen court et très facile de faire oraison*. Son traité des *Torrents*, son Commentaire sur le *Cantique des Cantiques* ne sont que le développement du *Moyen court* [1].

1. Voir les *Opuscules spirituels de Mme Guyon* (Cologne, 1704).

Le point essentiel de la mystique, c'est la définition de l'oraison. Suivant Mme Guyon, l'oraison n'est autre chose que « l'application de l'âme de Dieu ». C'est un acte d'amour. L'oraison dont il s'agit n'est pas l'oraison de la tête, mais « du cœur ». Cet état d'oraison est reconnu par tous les théologiens; mais tandis que ceux-ci le reconnaissent seulement comme un état rare, réservé à quelques-uns, ce qui distingue la doctrine de Mme Guyon, c'est que, suivant elle, « tous sont propres pour l'oraison; tous nous sommes appelés à l'oraison comme nous sommes appelés au salut. Que ceux qui sont sans cœur n'y viennent pas; mais qui est sans cœur? » Il y a deux méthodes pour introduire les âmes dans l'oraison : la méditation et la lecture; même ceux qui ne savent pas lire ne sont point pour cela privés d'oraison. Jésus-Christ est le grand livre par dehors et par dedans. Il faut qu'ils apprennent cette vérité fondamentale que le royaume de Dieu est au dedans de nous. Qu'ils disent leur *Pater* en pensant que Dieu est au dedans d'eux. Après avoir prononcé ce mot de *Père*, qu'ils demeurent quelques moments en silence avec beaucoup de respect. Ils ne doivent point se surcharger d'une quantité excessive de *Pater* et de prières vocales. C'est là le premier degré de l'oraison; le second est l'*oraison de simplicité ou de repos*. Aussitôt qu'on a senti un petit goût de la présence de Dieu, il faut en demeurer là sans passer outre; il faut souffler doucement le feu et, lorsqu'il est allumé, cesser de souffler. Il faut y porter un amour pur et sans intérêt. Il ne faut pas se tourmenter des sécheresses. On croit marquer mieux son amour en cherchant Dieu avec sa tête et à force d'actions. Non; il faut qu'avec une patience amoureuse, un regard abaissé et humilié, un silence respectueux, nous attendions le retour du bien-aimé. C'est ici que commence l'abandon ou donation de soi-même à Dieu. Il faut renoncer à toutes les inclinations particulières, quelque bonnes qu'elles paraissent pour se mettre dans l'indifférence, soit pour l'âme, soit pour le corps, soit pour les biens temporels et éternels. Il faut avoir ses souffrances, « la croix en Dieu et Dieu dans la croix ». Mais, dira-t-on, par là « on ne s'imprimera pas les mystères ». Au contraire, « l'attention amoureuse à Dieu renferme toutes les dévotions particulières ». — « Qui est uni à Dieu seul par son repos en lui est appliqué d'une manière excellente à tous les mystères. Qui aime Dieu aime tout ce qui est de lui. » La vertu extérieure n'est rien : « Toute vertu qui n'est pas donnée par le dedans est un manque de vertu. La conversion parfaite n'est pas celle qui va du péché à la grâce, quoiqu'elle soit meilleure; c'est celle qui va du dehors au dedans. L'âme, par l'effort qu'elle fait pour se recueillir au dedans sans autre effort que le poids de l'amour, tombe peu à peu dans le centre; plus elle demeure paisible et tranquille sans se mouvoir elle-même, plus elle avance avec vitesse. Un autre degré d'oraison est l'oraison de simple présence de Dieu ou contemplation active.

Dans cet état, la présence de Dieu devient si aisée qu'elle est donnée par habitude aussi bien que par oraison. Il faut alors faire cesser l'action et l'opération propre pour laisser agir Dieu. Ceux qui accusent cette oraison d'oisiveté se trompent; c'est au contraire une action supérieure. « Ce n'est pas un silence infructueux comme par la disette; c'est un silence plein et onctueux comme par l'abondance. Un enfant attaché à la mamelle commence par remuer ses petites lèvres pour faire monter le lait; mais quand le lait vient en abondance, il se contente de l'avaler d'un seul mouvement. » De même, dans cet état, la présence de Dieu est infuse et presque continuelle. On prescrit la contrition et avec raison; car elle est nécessaire; mais on ne voit pas que la contrition est cet amour infus, cet acte éminent qui contient tous les autres. Qu'ils laissent agir Dieu et demeurent en silence. Dieu ne peut être mieux reçu que par un Dieu. L'âme en cet état ne doit pas se surcharger de prières vocales; et lorsqu'elle les dit, si elle se sent attirée au silence, qu'elle demeure. La véritable prière est l'anéantissement : c'est la prière de vérité. Il n'y a que ces deux vérités, le *Tout* et le *Rien*. Tout le reste est mensonge. On croit que l'âme dans l'oraison demeure morte, stupide et sans action; au contraire, c'est une action, mais une action pleine de repos, si tranquille, si noble, si paisible qu'il semble que l'âme n'agisse pas. Plus elle est tranquille, plus elle court avec vitesse, parce qu'elle s'abandonne à l'esprit qui la meut. C'est ainsi que l'âme parvient à la simplicité et unité dans laquelle elle a été créée. L'âme devient une, c'est-à-dire qu'elle devient un même esprit avec Dieu. Ce qu'il faut détruire en nous, c'est la propriété et l'activité : la propriété, parce qu'elle est la source de la réelle impureté ; l'activité, parce que, Dieu étant dans un repos infini, il faut que l'âme participe à son repos. Ce n'est pas détruire la liberté humaine ; il faut que l'âme donne son consentement, mais un consentement *passif*. Dieu purifie tellement notre âme de toutes opérations propres, distinctes, aperçues et multipliées qu'enfin il se la rend peu à peu conforme et uniforme, relevant la capacité passive de la créature, l'élargissant, l'ennoblissant quoique d'une manière cachée, et c'est pourquoi on l'appelle *mystique*. Ce n'est pas qu'il ne faille passer par l'action ; car c'est la *porte* ; mais il n'y faut pas demeurer. »

Tel est le résumé presque textuel du célèbre ouvrage du *Moyen court*. Quelque obscur qu'il soit, il donne l'idée de la séduction que Mme Guyon a dû causer sur les âmes pieuses et méditatives chez lesquelles dominait l'imagination. La langue, plus ou moins correcte, en était expressive, pittoresque et originale, riche en ressources, pour exprimer l'inexprimable, rendre clair l'obscur, donner la parole au silence et la lumière à la nuit. Au point de vue doctrinal, c'était un quiétisme atténué et mitigé, où se laissaient entrevoir les traces d'un quiétisme absolu. C'est surtout dans les *Torrents*, dans le *Cantique des*

Cantiques que les exagérations se font sentir. Telle était la doctrine que l'évêque de Chartres avait surprise à Saint-Cyr, et probablement beaucoup plus téméraire encore dans ces entretiens secrets. C'est sur cet ensemble d'opinions que l'évêque de Chartres appela le jugement de ses collègues en épiscopat. La commission chargée de l'examen se composait de Godet, évêque de Chartres, de Noailles, archevêque de Paris, et enfin de Bossuet et de Fénelon. Elle se réunit souvent, délibéra avec lenteur et avec une consciencieuse circonspection. Le résultat de cette délibération fut ce qu'on appela les *Articles* de la conférence d'Issy (1696). Bossuet et Fénelon se trouvèrent d'accord dans les premières phases de cette affaire : c'est de là cependant que partirent les dissentiments qui se transformèrent bientôt en une lutte scandaleuse pour l'Église et désastreuse pour la fortune de Fénelon

CHAPITRE V

BOSSUET ET FÉNELON

Au moment où Bossuet entre en scène, nous devons nous demander pour quelles raisons d'éminents prélats, tels que l'évêque de Chartres, l'archevêque de Paris, l'évêque de Meaux attachèrent tant d'importance aux écrits et aux prédications d'une femme du monde qui n'était pas théologienne et qui ne savait pas peser ses mots : un peu plus, un peu moins de mysticisme chez une femme valait-il la peine de mettre le feu dans l'Église, et de scandaliser le monde par des controverses violentes et peu chrétiennes? La sainte baronne de Chantal, grand'mère de Mme de Sévigné, n'avait pas été tourmentée dans ses pieuses éjaculations; et, dans le fond, y avait-il une si grande différence entre l'une et l'autre?

Peut-être pas; mais la différence était dans les deux époques. Dans l'intervalle qui sépare Mme de Chantal et Mme Guyon, il avait paru une doctrine d'abord reçue avec édification, puis avec défiance, et qui enfin avait mérité une condamnation éclatante. C'était la doctrine du *quiétisme*, exposée quelques années auparavant par le moine espagnol Molinos, qui, sous prétexte de haute piété, avait enseigné les principes les plus condamnables. Pour bien apprécier la doctrine de Mme Guyon et même celle de Fénelon, il faut résumer d'abord la doctrine de Molinos [1].

1° La perfection chrétienne consiste essentiellement dans un acte de contemplation et d'amour, acte continuel et qui subsiste toute la vie sans avoir besoin d'être réitéré. Cet acte contient implicitement les actes de toutes les vertus.

2° Dans cet acte de perfection, l'âme doit cesser de réfléchir sur elle-même et anéantir toutes ses puissances : c'est ce qu'on appelle la *quiétude*.

3° L'âme dans cet état doit aller jusqu'à l'indifférence au salut éternel.

4° La confession et les œuvres extérieures deviennent inutiles.

5° Il faut, dans l'état de quiétude, rester en repos sans méditer sur aucun mystère en particulier.

6° On doit faire abandon de son libre arbitre à Dieu et par conséquent cesser de faire résistance aux tentations. Les actes de la partie corporelle et

---

1. La différence de ces trois degrés de quiétisme est parfaitement exposée dans l'*Analyse de la controverse du quiétisme* (*Œuvres complètes* de Fénelon, t. IV). Nous empruntons à cette analyse le résumé qui suit.

sensitive deviennent étrangers à la partie spirituelle; et le corps peut devenir l'instrument du démon sans que l'âme en soit responsable.

On voit à quelles conséquences immorales et révoltantes pouvait conduire cet excès de mysticisme. On voit aussi combien l'Église devait s'inquiéter d'une doctrine tout analogue, et qui par tant de côtés touchait à celle de Molinos. Sans doute il fallait craindre, et c'était là le point délicat, de toucher au véritable mysticisme de tout temps reçu et autorisé dans l'Église en inquiétant et en proscrivant le faux mysticisme qui tendait à renaître dans l'Église après Molinos dans la doctrine de Mme Guyon. On comprend que les prélats aient hésité quelque temps à frapper; on comprend aussi comment ils ont pu être divisés; car si Bossuet était effrayé des conséquences du molinosisme, qu'il croyait reconnaître dans les œuvres de Mme Guyon, Fénelon, de son côté, pouvait être inquiet de voir condamner les vrais mystiques, enveloppés et compromis par de grossiers et ignorants disciples. Il fallait donc craindre à la fois avec Fénelon de frapper les vrais saints en condamnant Mme Guyon, et avec Bossuet de laisser passer les plus dangereuses erreurs en l'absolvant. Tel fut le grave débat qui s'éleva entre les deux grands prélats.

Cependant, à l'origine, ils parurent agir d'accord. Ce fut à Bossuet que Mme Guyon, sur l'instigation de Fénelon, adressa pour les examiner non seulement ses écrits imprimés, mais même tous ses manuscrits. Après en avoir pris connaissance dans un examen de plusieurs mois, il les crut assez innocents pour lui donner la communion. Cependant, en même temps, Bossuet essaya de prévenir Fénelon contre les conséquences dangereuses de la nouvelle doctrine; mais Fénelon, ferme sur le principe du pur amour, résista en invoquant l'autorité de tous les grands mystiques. Bossuet, de son côté, était alors peu versé dans la littérature mystique, et même ce fut à Fénelon qu'il s'adressa pour avoir des extraits des grands auteurs en ce genre.

Ainsi, à l'origine, Bossuet n'était pas mal disposé pour Mme Guyon, et ne s'avançait qu'avec réserve sur un terrain qui ne lui était pas familier. Fénelon, de son côté, ne voulait pas défendre les faux mystiques, pas même Mme Guyon, dont il estimait la personne et dont il excusait les intentions, mais sans nier que ses paroles fussent équivoques. De là les résolutions prises en commun aux conférences d'Issy. Ces résolutions rappelaient : 1° que tout chrétien est tenu à des actes distincts de foi, d'espérance et de charité; 2° que tout chrétien est tenu à une foi explicite en Dieu, dans la Sainte Trinité et en Jésus-Christ; 3° tenu aussi de désirer et de demander le salut éternel, la rémission des péchés, la grâce; 4° il n'est pas permis à un chrétien d'être indifférent à son salut; 5° les réflexions sur soi-même et sur ses actes sont imposées aux plus parfaits.

Ainsi les principales obligations du christianisme positif étaient rappelées et prescrites avec fermeté, et par conséquent les pratiques pieuses qui tendaient à détruire ces obligations étaient interdites. Mais en même temps, et c'est là que se fait sentir la part de Fénelon, les principes de la perfection mystique étaient expressément conservés et autorisés. « L'oraison de simple présence de Dieu ou de remise et de quiétude et les autres oraisons extraordinaires même passives, approuvées par saint François de Sales et autres spirituels, ne peuvent être rejetées et tenues pour suspectes sans témérité. » Mais on ajoutait, pour prévenir les conséquences fâcheuses, que, « sans ces oraisons extraordinaires, on peut devenir un très grand saint », et que « les voies extraordinaires sont très rares et sujettes à l'examen des évêques ».

Il semblait bien que, par ces principes, tout était sauvegardé. Fénelon avait obtenu que la mystique ne fût pas condamnée; Bossuet, que les excès fussent interdits. Mme Guyon semblait souscrire à tout ce qu'on demandait d'elle. Elle déclarait qu'elle n'était pas théologienne et qu'elle abandonnait les exagérations que pouvaient contenir ses écrits, qu'elle ne voulait pas aller plus loin que saint François de Sales et la baronne de Chantal. Il semblait, dis-je, que tout fût fini. Au contraire, tout recommençait. Mme Guyon allait disparaître ou être reléguée sur le second plan, Fénelon allait paraître au premier; et le combat allait s'engager directement entre les deux plus grands chrétiens de France. Comment les choses en étaient-elles venues là ?

A l'issue des conférences d'Issy, les commissaires s'étaient engagés à publier, chacun de leur côté, un commentaire des articles votés. C'est de cette promesse que sortirent les deux livres qu'a produits cette controverse : l'*Introduction sur les états d'oraison*, de Bossuet, et l'*Explication des Maximes des Saints*, de Fénelon. De là vint le mal. On voulut s'expliquer, et dès lors on ne s'entendit plus.

Le début de la querelle fut que Fénelon, invité à donner son approbation à l'ouvrage de Bossuet, s'y refusa absolument. C'était une rupture. Pourquoi ce refus ? Pourquoi ne pas adhérer à ce qui n'était, suivant Bossuet, que le commentaire rigoureux des articles d'Issy ? Il est probable qu'il y avait une raison de fond. Fénelon trouvait que Bossuet allait trop loin dans sa proscription de la mysticité. Mais ce ne fut pas la raison qu'il fit valoir. Il se retrancha derrière les devoirs d'amitié qu'il avait envers Mme Guyon, et il ne pouvait pas s'associer à une condamnation trop violente de ses écrits. Il avait bien voulu condamner la doctrine elle-même ; mais il ne voulait pas consentir à l'imputer à Mme Guyon, dont il connaissait, disait-il, les intentions et les sentiments, et qui n'avait jamais péché que dans l'expression, tort qui lui était commun avec la plupart des mystiques.

« Si j'approuvais par un témoignage public cette explication de son système (l'explication donnée par

Bossuet), j'achèverais de persuader le public que l'application qu'on lui en a faite est juste, et par conséquent je la reconnaîtrais pour la plus exécrable créature qui soit sur la terre. Je l'ai vue souvent; je l'ai estimée: je l'ai laissé estimer par des personnes illustres qui avaient de la confiance en moi. Je n'ai pas dû l'estimer sans éclaircir à fond avec elle ses sentiments. J'ai approuvé la doctrine en approuvant la personne; au moins faut-il dire que j'ai toléré un système impie et que tout notre commerce n'a roulé que sur cette damnable spiritualité : voilà ce qui se présenterait au lecteur, en lisant mon approbation à la tête des livres de M. de Meaux,... voilà ce qu'il faut que j'avale à la face de l'Église. Je n'ai jamais défendu et je ne défendrai jamais directement ou indirectement le livre de Mme Guyon; mais je connais tellement ses intentions par la confiance sans réserve qu'elle a eue en moi, que je dois juger de ses écrits par ses sentiments et non de ses sentiments par ses écrits. On ne cesse de nous dire que les meilleurs mystiques ont exagéré. Pourquoi n'y aurait-il que Mme Guyon qui n'ait pas exagéré? Pourquoi faut-il que je déclare, par la bouche de M. de Meaux, qu'elle ne respire qu'une doctrine enfin qui mérite le dernier supplice [1] ? »

Jusqu'à quel point Bossuet avait-il raison, jusqu'à

---

1. Lettre à Mme de Maintenon du 2 août 1696. — Voir cardinal de Bausset, t. II, Pièces justificatives, et Œuvres de Fénelon (édition Lebel), t. IX, p. 89.

quel point, de son côté, Fénelon n'avait-il pas tort lorsque l'un poursuivait si sévèrement, l'autre excusait si généreusement la doctrine de Mme Guyon? L'intérêt de notre sujet ne nous force pas à approfondir cette question, qui demanderait, pour être résolue, plus de théologie que nous n'en savons. Il nous paraît cependant, d'après la lecture des principaux écrits de Mme Guyon, dont nous avons donné des extraits, que les erreurs que lui impute Bossuet y sont plutôt implicitement qu'explicitement. Mme Guyon, qui était femme, dont l'imagination était vive, et qui d'ailleurs n'était pas théologienne, a pu très innocemment tomber dans l'hérésie sans le vouloir. Bossuet lui-même, s'il n'eût pas connu Molinos, n'aurait peut-être pas vu plus de venin dans Mme Guyon que dans sainte Thérèse ou Mme de Chantal. Fénelon, de son côté, est peut-être trop indulgent en ne reconnaissant pas, dans les livres de Mme Guyon, les germes du quiétisme condamné dans Molinos. Il ne voulut pas avouer qu'il avait été trompé et qu'il s'était trompé. Il était en définitive plus complice qu'il ne voulait en convenir, ayant connu intimement les pensées de Mme Guyon pendant plusieurs années, les ayant autorisées et même introduites à Saint-Cyr. On était sans aucun doute sur une pente glissante, et l'on ne voit pas que Fénelon ait fait aucun effort pour retenir à temps le nouveau mysticisme sur la pente du quiétisme. Il était donc sage et opportun d'enrayer. Le livre de Bossuet sur les *États d'oraison* mit un frein au faux mysticisme, non sans avoir peut-être un peu compromis le vrai. Fénelon se crut par là autorisé à faire un nouveau partage entre le vrai et le faux. De là, la publication des *Maximes des Saints* (1697) [1].

Jusque-là le dissentiment de Bossuet et de Fénelon avait été tout privé : l'absence d'approbation de Fénelon au livre de son collègue était un fait négatif qui motivait tout au plus l'étonnement et la défiance. Mais la querelle devint bientôt doctrinale, aussitôt après la publication du célèbre ouvrage que nous venons de rappeler.

Il faut dire la vérité : quelque esprit qu'ait eu Fénelon, et quoiqu'il en ait montré dans tous ses ouvrages, quelque éloquence et quelque talent qu'il ait déployés plus tard dans ses écrits apologétiques, il faut avouer que la question du quiétisme ne l'a guère inspiré avant le moment où sa personne a été en jeu. Les *Maximes des Saints* sont un ouvrage médiocre, monotone, d'un terne et d'un

---

1. La publication de ce livre n'aurait dû avoir lieu qu'après celle du livre de Bossuet ; et Fénelon l'avait expressément promis à l'archevêque de Paris. Mais ses amis crurent nécessaire de presser cette publication ; Fénelon prétendit n'y avoir été pour rien ; mais on voit par sa correspondance qu'il manquait ici quelque peu de sincérité, car il écrivait à M. Tronson : « Vous voyez combien il importe que mon ouvrage paraisse au plus tôt ». Ce sont ces petites finesses qui faisaient dire à Bossuet que M. de Cambrai était *un parfait hypocrite* (Le Dieu, t. II, p. 242). Nous nous garderions bien d'employer un tel langage. Il n'appartient qu'aux saints de se dire entre eux de telles vérités.

ennuyeux qu'on s'étonne de trouver sous la plume de Fénelon. Qu'on ne dise pas que c'est la théologie qui en est cause. Les livres de Mme Guyon, quelque insensés qu'ils puissent paraître, ne sont pour cela ni ternes ni ennuyeux; ils sont pleins d'effusion, de verve et de couleur. Le livre de Bossuet sur le même sujet est aussi plein de vigueur et de relief; la force de la logique lui donne du mouvement et du feu. Il n'ennuie pas un seul instant. Au contraire, le livre de Fénelon est d'une glace et d'une lenteur qui défient la lecture. Les subtilités scolastiques remplacent les finesses psychologiques qu'on attendrait en cette matière. Je ne sais si on a eu raison de condamner théologiquement le livre de Fénelon; mais, littérairement, il n'est pas défendable et il n'ajoute rien à la gloire de son auteur. Son seul mérite est d'avoir provoqué une mémorable controverse, où les deux grands hommes ont rivalisé d'éloquence et de duretés réciproques (1697).

Tant de fiel entre-t-il dans l'âme des dévôts!

Voici le premier jugement porté par Bossuet sur le livre de Fénelon : « Le livre fait grand bruit; je n'ai pas ouï nommer une personne qui l'approuve. Les uns disent qu'il est mal écrit; les autres qu'il y a des choses très hardies, qu'il y en a d'insoutenables; les autres qu'il est écrit avec toutes les délicatesses et toutes les précautions imaginables, mais que le fond n'en est pas bon; les autres que, dans un temps où le faux mystique fait tout le mal, il ne fallait écrire que pour le condamner. Je souhaite de tout mon cœur que Dieu mène tout à sa gloire [1]. »

Fénelon se décida lui-même à soumettre son livre au pape, par une lettre du 27 avril 1697. Le roi, de son côté, le 24 juillet de la même année, dénonça également au pape le livre de Fénelon comme « très mauvais et très dangereux, et réprouvé par des évêques et un très grand nombre de docteurs ». Quelques jours plus tard, le roi invita l'archevêque de Cambrai à se retirer dans son diocèse. Dès lors commença pour lui un exil qui ne finit qu'avec sa vie. En même temps, Louis XIV interdit à Fénelon d'aller lui-même à Rome pour y défendre sa cause : interdiction qui n'était guère conforme à l'équité. Il fut obligé de confier cette cause à un tiers qui, heureusement pour lui, était un ami des plus dévoués, l'abbé de Chanterac, qu'un ami de Bossuet traite lui-même « d'homme sage, pacifique, instruit et vertueux [2] ». En revanche, les intérêts de la cause adverse furent confiés à un homme d'un caractère violent et haineux, qui fit tout pour envenimer l'affaire et pour stimuler l'aigreur et l'amertume de l'évêque de Meaux : ce fut son neveu, l'abbé Bossuet.

Alors commença un combat à double jeu qui dura près de deux années : à Rome d'abord, un combat

---

1. Lettre à Godet-Desmarais, évêque de Chartres, 13 février 1697. — Œuvres de Bossuet, t. XL (édition Lebel), p. 259.
2. Manuscrits de Pirot, cités par Bausset, t. II, p. 80.

secret de diplomatie, où les mines et les contre-mines se succédèrent alternativement, le roi poussant aux violences et à la condamnation la plus sévère, le pape se dérobant le plus qu'il pouvait. L'ambassadeur de France, le cardinal de Bouillon, essayait d'adoucir les deux parties.

Que Rome ait hésité entre les deux grands prélats, il est facile de le comprendre. D'abord Fénelon n'avait peut-être pas aussi absolument tort que le prétendaient Bossuet et Louis XIV. Si la doctrine de Fénelon était trop favorable aux faux mystiques, celle de Bossuet était peut-être trop défavorable aux vrais. De plus, Bossuet n'était pas à Rome ce qu'on appelle en diplomatie une *persona grata*. On lui en voulait encore de 1682 et des quatre articles. Entre le pape et le roi, Bossuet avait pris trop décidément le parti du roi pour plaire beaucoup à la cour de Rome. On savait au contraire que Fénelon et les Sulpiciens étaient beaucoup moins gallicans que Bossuet. Ils craignaient que, sous le nom de libertés gallicanes, on ne remplaçât la servitude envers Rome par la servitude envers le roi. Fénelon avait donc la secrète faveur de la cour pontificale, et ce fut à la pression persistante et acharnée de la cour de France plus qu'à une conviction absolue que Rome paraît avoir obéi.

Pendant que ce jeu se jouait à Rome avec toutes sortes de péripéties dans le détail desquelles il nous est impossible d'entrer et que l'on trouvera exposées avec une évidente bienveillance en faveur de Fénelon dans l'*Histoire de Fénelon* par le cardinal de Bausset, — pendant, dis-je, les diverses phases de cette lutte diplomatique, une autre lutte à ciel ouvert, qui intéresse davantage l'histoire littéraire, avait lieu entre les deux évêques. Bossuet était passé maître dans ces controverses; Fénelon ne s'y était pas encore essayé; mais l'honneur et la dignité menacés en sa personne lui prêtèrent une force et une verve qu'on ne lui soupçonnait pas. Il trouva une forme d'éloquence à la fois plaintive et fière qui eut un succès prodigieux; un mélange d'humilité et de dignité, que rendait plus touchant la manière dure et hautaine de son adversaire, tellement habitué à vaincre qu'il ne comprenait pas qu'on lui résistât.

« Quand voulez-vous que nous finissions, monseigneur? écrivait Fénelon. Si je pouvais me donner le tort et vous laisser en plein triomphe pour finir le scandale et donner la paix à l'Eglise, je le ferais avec joie : mais en voulant m'y réduire avec tant de véhémence, vous avez fait précisément ce qu'il fallait pour m'en ôter les moyens. Vous m'imputez les impiétés les plus abominables *cachées sous des subterfuges déguisés en correctifs*. Malheur à moi si je me taisais ! Mes livres seraient souillés par ce lâche silence qui serait un aveu tacite de l'impiété. Que le pape condamne mon livre, j'espère que Dieu me fera la grâce de me taire et d'obéir. Mais tant que le Saint-Siège me permettra de montrer mon innocence, et qu'il me restera un souffle de vie, je ne cesserai de prendre le ciel et la terre à témoin de l'injustice de vos accusations.... Vous estimez et vous grossissez chaque objet selon vos besoins, sans vous mettre en peine de concilier vos expressions. Voulez-vous me faciliter une rétractation, vous aplanissez la voie; elle est si douce qu'elle n'effraie plus : *Ce n'est*, dites-vous, *qu'un éblouissement de peu de durée.* Mais si l'on va chercher ce que vous dites pour alarmer l'Église, on trouve que ce court éblouissement est un *malheureux mystère et un prodige de séduction.* Tout de même s'agit-il de me faire avouer des livres et des visions de Mme Guyon : *Est-ce un si grand malheur*, dites-vous, *d'avoir été trompé par une amie?* Mais quelle est cette amie ? *C'est une Priscille dont je suis le Montan*[1]. » .... « Nous sommes, vous et moi, l'objet de la dérision des impies, et nous faisons gémir tous les gens de bien. Que tous les hommes soient hommes, c'est ce qui ne doit point surprendre; mais que les ministres de Jésus-Christ, les anges de l'Église donnent au monde profane et incrédule de telles scènes, c'est ce qui demande des larmes de sang. Trop heureux si, au lieu de cette guerre d'écrits, nous avions toujours fait notre catéchisme dans nos diocèses pour apprendre aux pauvres villageois à craindre et à aimer Dieu [2]! »

---

[1]. Cette allusion était une grossière offense et une sorte de diffamation, les rapports de Priscille et de Montan ayant été des rapports charnels aussi bien que spirituels.

[2]. Tout ce passage, que nous citons d'après M. de Bausset (t. II, p. 124), se compose de plusieurs morceaux tirés de différents écrits de Fénelon. Le premier : « Quand voulez-vous que nous finissions...? » est extrait de la réponse à

Fénelon, on le voit, avec son esprit et son sens de la vie mondaine, comprenait très bien que ces querelles ne pouvaient profiter qu'aux esprits forts, aux libres penseurs de ce temps, beaucoup plus nombreux qu'on ne le pense. Mais s'il en était ainsi, pourquoi écrivait-il? Il ne faisait, disait-il, que se défendre. Il défendait son honneur offensé, c'était à Bossuet à se taire. L'affaire était entre les mains du pape; il n'y avait qu'à attendre sa décision. Fénelon promettait de s'y soumettre. Pourquoi Bossuet voulait-il que ce fût à lui et non à l'Église que Fénelon se soumît? Était-il nécessaire de troubler la paix et de faire scandale par ces agressions violentes contre un archevêque, contre un ancien ami? Bossuet voulait écraser l'hérésie à lui seul; il voulait que tout pliât devant lui. De là l'amertume et la violence de ses procédés dans cette affaire.

Bien loin de se taire, voyant que l'affaire chancelait à Rome, Bossuet voulut frapper un coup décisif en publiant sa fameuse *Relation sur le Quiétisme*. Cet écrit eut un immense succès : « Le livre de M. de Meaux fait un grand fracas, écrivait Mme de Maintenon au cardinal de Noailles (29 juin 1698). Les faits sont à la portée de tout le monde; les folies de Mme Guyon divertissent; le livre est court, vif et

---

l'écrit de Bossuet : *Schola in tuto* (*Œuvres complètes*, édition de Saint-Sulpice, t. III, p. 233). — Le second : « Vous estimez et grossissez... », se trouve dans l'édition de Versailles, t. VI, p. 365. — Le troisième : « Nous sommes, vous et moi... », est tiré de la *Lettre sur la réponse aux préjugés légitimes* (édit. de Saint-Sulpice, t. III, p. 354).

bien fait; on se le prête; on se l'arrache; on le dévore. » Le livre de Bossuet mérite en effet tous ces éloges; mais il faut dire que le succès était dû à des indiscrétions qu'on pourrait, sans exagération, appeler des abus de confiance. C'étaient des manuscrits mêmes de Mme Guyon, manuscrits qu'elle lui avait confiés en toute sincérité pour lui prouver son innocence, et qui évidemment n'appartenaient pas à Bossuet, que celui-ci tirait les passages inédits qui livraient Mme Guyon au ridicule. Quant aux *folies qui divertissent* dont parle Mme de Maintenon, comment celle-ci ne s'en était-elle pas aperçue pendant les années qu'elle avait passées en intimité avec elle et où elle lui avait laissé prendre une influence sérieuse à Saint-Cyr ? Ou elle avait vu de telles folies et les avait excusées comme innocentes, ou elle ne les avait pas vues et pourquoi n'apportait-elle pas son témoignage qui eût été une circonstance atténuante en faveur de la malheureuse femme et aussi de Fénelon ?

Pour le coup, Fénelon parut écrasé et on put croire qu'il ne se relèverait pas. On était consterné autour de lui. De plus, la crainte de compromettre les amis qui lui restaient à la cour, les deux ducs de Beauvillier et de Chevreuse, lui fermait sa bouche : « Il faut renoncer à tout, écrivait-il à ses amis, même à la consolation de justifier son innocence ». Heureusement M. de Beauvillier fut sauvé, grâce à l'intervention du cardinal de Noailles auprès de Mme de Maintenon. Plus tranquille du côté de ses amis, pressé par l'abbé de Chanterac qui le suppliait de se défendre, Fénelon n'hésita plus. Il riposta par la *Réponse à la Relation de M. de Meaux*. Dès lors, tout changea d'aspect en un instant; le courage des amis se releva; les camps furent partagés; l'admiration alla de l'un à l'autre. Les amis de toute bataille qui vient rompre la monotonie de la vie mondaine, les amis du beau et du délicat furent là comme au spectacle, attendant les répliques des deux grands hommes qui luttaient d'égal à égal sur un terrain glissant et dangereux.

Voici sur quel ton Fénelon débute dans sa *Réponse à la Relation*.

« M. de Meaux, dit-il, commençait à être embarrassé sur la dispute dogmatique. Dans cet embarras, l'histoire de Mme Guyon lui parut un spectacle propre à faire oublier tant de mécomptes. Ce prélat veut que je lui réponde sur les moindres circonstances de l'histoire de Mme Guyon comme un criminel sur la sellette répondrait à son juge; mais quand je le presse de répondre sur les points fondamentaux de la religion, il se plaint de mes questions. Il attaque ma personne quand il est dans l'impossibilité de répondre sur la doctrine; alors il publie sur les toits ce qu'il ne disait qu'à l'oreille; il a recours à ce qu'il y a de plus odieux dans la société humaine : le secret des lettres missives, qui est ce qu'il y a de plus sacré après celui de la confession, n'a plus rien d'inviolable pour lui; il produit mes lettres à Rome; il les fait imprimer pour tourner à ma diffamation les gages de la confiance sans bornes que j'ai eue pour lui. »

Bossuet, prenant à son tour le ton de l'apologie, s'était efforcé de dégager sa personne dans ce débat et s'écriait : « Moi, le plus simple de tous les hommes, ai-je pu remuer seul par d'imperceptibles ressorts toute la cour, tout Paris, tout le royaume, toute l'Europe et Rome même? » Fénelon s'emparant de ce mouvement lui répond : « Vous me permettrez de vous dire ce que vous disiez contre moi. Quoi! me pourra-t-on croire! Ai-je réuni d'un coin de mon cabinet à Cambray, par des ressorts imperceptibles, tant de personnes désintéressées et exemptes de prévention?... Ai-je pu faire pour mon livre, moi éloigné, moi contredit, moi accablé de toutes parts, ce que M. de Meaux dit qu'il ne pouvait faire lui-même contre ce livre, quoiqu'il fût en autorité, en pouvoir de se faire craindre? »

Enfin, Fénelon terminait par ce défi hautain : « S'il reste à M. de Meaux quelque écrit à alléguer contre ma personne, je le prie de n'en pas faire un demi-secret, pire qu'une divulgation absolue, et je le conjure d'envoyer tout à Rome. Je ne crains rien, Dieu merci, de tout ce qui sera communiqué et examiné juridiquement.... S'il me croit tellement impie et hypocrite, il doit employer toutes les preuves qu'il aura. Pour moi, je ne puis m'empêcher de prendre à témoin celui dont les yeux éclairent les plus profondes ténèbres et devant lequel nous paraîtrons bientôt. Il sait, lui qui lit dans les cœurs, que je ne suis attaché qu'à lui et à son Église, et que je gémis sans cesse en sa présence pour qu'il ramène la paix et abrège le scandale, qu'il rende les pasteurs aux troupeaux et pour qu'il donne autant de bénédictions à M. de Meaux qu'il m'a donné de croix [1]. »

La *Réponse* de Fénelon fut une revanche éclatante du succès qu'avait eu la *Relation* de Bossuet. La faveur passa de l'une à l'autre. A Rome aussi bien qu'à Paris, il se fit une révolution dans les esprits. Bossuet essaya de répondre par ses *Remarques sur la Réponse de M. de Cambray*; Fénelon répliqua par la *Réponse aux Remarques*. Dans cette dernière réponse, où Fénelon fait encore preuve de cette même éloquence plaintive dont nous avons donné les preuves, il revient sur la comparaison indiscrète que Bossuet avait faite de Fénelon et de Mme Guyon avec l'hérésiarque Montan et son amie Priscille. Bossuet s'était défendu en disant qu'il n'avait voulu parler que d'un *commerce d'illusions*. Fénelon ne se tint pas pour satisfait par cette explication : « Ce fanatique, dit-il, avait détaché de leurs maris deux femmes qui le suivirent; il les livra à une fausse inspiration qui était une véritable possession de l'esprit malin. Il était possédé lui-même aussi bien que ces femmes; et ce fut dans un transport de fureur diabolique qui l'avait saisi avec Maximilla qu'ils s'étranglèrent tous les deux. Tel est cet homme, l'horreur de tous les siècles, auquel vous comparez votre confrère, ce *cher ami de toute la vie que vous portez dans vos entrailles*; et vous trouvez mauvais qu'il se plaigne

1. *Œuvres*, édit. de Versailles, t. VI, p. 522.

d'une telle comparaison. Non, monseigneur, je ne m'en plaindrai pas; je n'en serai affligé que pour vous. »

A propos de ces réponses, qui paraissaient victorieuses, au moins en ce qui concerne les procédés, le neveu de Bossuet, son agent à Rome, ne craignait pas d'écrire à son oncle en parlant de Fénelon : « C'est une bête féroce qu'il faut poursuivre pour l'honneur de l'épiscopat et de la vérité jusqu'à ce qu'on l'ait terrassée. Saint Augustin n'a-t-il pas poursuivi Julien jusqu'à la mort[1]? » De pareilles expressions ont-elles pu être employées par un prêtre écrivant contre un évêque et contre un Fénelon! Bossuet lui-même, sans s'avouer vaincu, reconnaissait la belle défense de son adversaire : « Qu'on cesse de vanter, dit-il, son bel esprit et son éloquence; on lui accorde sans peine qu'il a fait une vigoureuse et opiniâtre défense. Qui lui conteste l'esprit? Il en a à faire peur; et son malheur est de défendre une cause où il en faut tant. »

Enfin vint le jugement de la cour de Rome. Il n'était pas aussi décisif que l'avaient désiré Louis XIV et Bossuet. Sur les dix examinateurs, cinq se déclaraient pour la censure et cinq contre. Il y avait donc partage, et selon les règles de tous les tribunaux du monde, l'accusé aurait dû bénéficier de cette égalité de suffrages. Le pape était dans un grand embarras. Il essayait de partager les torts entre les deux adversaires : « L'archevêque de

---

1. Lettre de l'abbé Bossuet, 25 novembre 1698. (Œuvres de Bossuet, t. XLII, p. 56.)

Cambray, disait-il, a péché par excès d'amour de Dieu ; l'évêque de Meaux a péché par défaut d'amour du prochain », et en réalité ce prétendu partage était en faveur de Fénelon. Un pareil jugement ne pouvait convenir à Louis XIV, qui voyait partout dans cette affaire l'intérêt de son pouvoir. Il fit une démarche pressante. L'affaire fut de nouveau soumise à l'examen des cardinaux, qui y mirent plusieurs semaines. Il fut décidé à l'unanimité que le livre serait censuré. Mais la faveur du pape se montra encore dans le choix des cardinaux qu'il chargea de rédiger la censure : c'étaient ceux qui étaient particulièrement favorables à Fénelon ; le pape même était sur le point de substituer à une censure directe une décision dogmatique. A cette occasion, une nouvelle lettre impérieuse de Louis XIV fut adressée au pape. Voici sur quel ton on lui parlait : « Sa Majesté apprend avec étonnement et douleur qu'après toutes les instances et tant de promesses de couper promptement et jusqu'à la racine par une décision précise le mal que fait dans tout son royaume le livre de l'archevêque de Cambray, lorsque tout semblait terminé, les partisans de ce livre proposent un nouveau projet qui tendrait à rendre inutiles tant de délibérations. Sa Majesté ne pourrait recevoir et autoriser dans son royaume que ce qu'on lui a promis, à savoir un jugement net et précis sur ce livre qui met son royaume en combustion. »

Déjà, sans attendre cette lettre, dont on remarquera la hauteur presque insolente, le pape s'était exécuté, et, dans un bref conforme aux usages, il avait déclaré qu'*il condamnait et réprouvait de son propre mouvement le livre susdit*; mais tout en reconnaissant que le livre contenait des propositions *téméraires, scandaleuses, malsonnantes*, le pape s'était refusé à la qualification d'*hérétiques*, et même d'*approchant de l'hérésie* [1].

Qu'allait faire Fénelon? Il l'avait dit cent fois dans le cours de ce long débat, à savoir qu'il se soumettrait; et en effet il se soumit en termes aussi nobles que simples; il le fit dans un mandement à ses diocésains :

« Nous adhérons à ce bref, mes très chers frères, tant pour le texte du livre que pour les 23 propositions, simplement, absolument et sans encombre de restrictions. Nous les condamnons dans les mêmes formes et avec les mêmes qualifications. Nous vous exhortons à une soumission sincère et à une docilité sans exemple. A Dieu ne plaise qu'il soit jamais parlé de nous, si ce n'est pour se souvenir qu'un pasteur a cru devoir être plus docile que la dernière brebis du troupeau. »

Dans une lettre adressée au pape, il renouvelait la même soumission dans les mêmes termes, en ajoutant : « Je n'aurai jamais honte d'être corrigé par le successeur de saint Pierre. Je n'emploierai jamais l'ombre de la plus légère distinction qui puisse tendre à éluder le décret. » Les adversaires

---

1. Lettre de l'abbé Bossuet, 17 mars 1699.

de Fénelon, Phelippeaux et l'abbé Bossuet, Bossuet lui-même ne se montrèrent pas satisfaits de cette soumission et ce dernier y trouvait « beaucoup d'ambiguïté et de faste ». Au lieu de reconnaître ses erreurs, on l'accusait de n'avoir parlé que de son humiliation et de sa docilité. Mais bientôt l'approbation universelle les força à changer de ton : « Malgré les défauts du mandement de M. de Cambray, je crois que l'on doit s'en contenter parce qu'après tout l'essentiel y est, et que l'obéissance y est pompeusement étalée ».

On se demande si la soumission de Fénelon était aussi réelle intérieurement qu'extérieurement, si un homme peut véritablement se dépouiller de sa pensée et de sa croyance, en un mot de ce qui lui paraît évident. Par exemple, dans l'espèce, Fénelon pouvait-il renoncer à croire que tous les grands mystiques avaient parlé à peu près comme lui; pouvait-il leur donner tort et par là supprimer en quelque sorte toute mysticité dans l'Église, ou bien leur donner raison sans contredire dans son cœur son apparente rétractation? Fénelon lui-même a répondu à cette objection [1] : sans doute il n'avait fait que reproduire lui-même ce qu'il avait trouvé dans tous les livres de haute mysticité; mais autre chose est l'emploi de quelques expressions imprudentes, fait par mégarde dans des livres de piété, dont les auteurs ne sont pas théologiens, et qui, entraînés par le sentiment, ne

---

1. Ramsay, *Vie de Fénelon*, p. 92, 95.

pouvaient pas mesurer et peser toutes leurs paroles ; — autre chose un livre dogmatique, comme les *Maximes des Saints*, écrit par un archevêque et sur un sujet controversé avec la prétention de faire la part exacte du vrai et du faux. Si Rome voulait corriger toutes les incorrections théologiques des livres les plus pieux, elle passerait tout son temps en condamnations, la piété n'étant pas la théologie. Elle n'intervient que lorsque les expressions dont on parle prennent une valeur doctrinale et deviennent en quelque sorte dogmes. Fénelon pouvait donc reconnaître, sans manquer à la vérité, qu'il avait pu pécher en prenant trop à la lettre ce qui, dans les mystiques, n'était qu'excès de parole.

Cette distinction est si légitime, qu'il l'avait faite en quelque sorte lui-même avant la condamnation. Déjà, dans la controverse qui avait suivi le livre des *Maximes*, Fénelon avait corrigé, adouci, mitigé, expliqué dans un sens plus correct les passages qu'on lui reprochait et qui pouvaient paraître équivoques, et il l'avait fait avec tant de soin que la cour de Rome, après avoir condamné les *Maximes*, n'a pas condamné les écrits apologétiques qui avaient suivi les *Maximes*; et par conséquent, dans la controverse de Bossuet et de Fénelon, elle n'a approuvé ni désapprouvé ni l'un ni l'autre. Malgré les instances de Bossuet pour faire condamner les écrits apologétiques[1], ces écrits restè-

---

1. C'est là, je crois, ce qui permet d'expliquer certains passages des lettres de Fénelon, qui paraissent en contradiction

rent donc autorisés et ils expriment un des côtés de la vérité, dont Bossuet a vu l'autre avec précision et fermeté, mais aussi avec une certaine étroitesse.

Dans sa belle *Histoire de la Littérature française*, M. Nisard paraît mettre tous les torts du côté de Fénelon, et attribuer toute raison à Bossuet. Celui-ci représenterait ce que l'illustre critique aime par-dessus tout, le sens commun et l'amour de la règle. Fénelon au contraire ne représente que le sens propre et l'esprit de chimère. C'est peut-être résoudre trop facilement une question des plus délicates. Même théologiquement, on a vu que la question n'était pas si simple, puisqu'elle avait demandé

---

avec la soumission absolue dont il avait fait preuve au moment de la condamnation. Par exemple, dans une lettre à Chanterac, il écrit : « *Rien n'est véritablement décidé sur le fond de la doctrine* ». Dans une autre lettre au P. Le Tellier, nous trouvons ce passage singulier : « On a toléré et laissé triompher l'indigne doctrine qui dégrade la charité, en la réduisant au seul motif de l'espérance. *Celui qui errait a prévalu; celui qui était exempt d'erreur a été écarté.* Dieu soit béni! » N'est-ce pas là une protestation contre la condamnation de son livre ? Non, car il ajoute : « *Je compte pour rien mon livre, que j'ai sacrifié avec joie et docilité* ». Il veut donc dire simplement que si son livre a mérité la condamnation par quelques excès de paroles, le fond de sa doctrine n'a pas été condamné; et cependant c'est ce que croient « le Roi et la plupart des gens ». C'est pourquoi, dans l'opinion, c'est « celui qui errait qui a prévalu ». Fénelon pense donc que l'on a fait porter au décret du pape des conséquences qu'il ne contenait pas. Si Fénelon était seul de cet avis, nous pourrions le suspecter, mais il est permis de dire que des théologiens autorisés, tels que le cardinal de Bausset et l'auteur de l'excellente *Analyse de la controverse du quiétisme*,

deux ans d'examen, que les premiers juges s'étaient partagés par moitié, que le pape avait reculé longtemps devant la censure ; qu'il fallut, pour en finir, une intervention directe de Louis XIV, qui n'avait rien de théologique ; enfin que le pape s'était refusé absolument à employer le terme d'*hérésie*. Mais laissons la théologie, prenons la chose en elle-même et au point de vue philosophique. Sur quoi reposait le débat? Quel était le point précis de la difficulté? Personne n'imputait à Fénelon les erreurs grossières de Molinos, et en particulier cette doctrine révoltante que, dans l'état de sainteté, il se fait une telle séparation de l'âme et du corps, que tout ce qui se passe dans le corps est étranger à l'âme et qu'il peut commettre les actions les plus criminelles sans

dans les *Œuvres de Fénelon*, ne croient pas que la doctrine de l'amour pur ait été condamnée à Rome. (Voir *Vie de Fénelon* par Bausset, t. II, n. XIV, p. 387, et *Œuvres*, t. IV, p. CLXXXI.) C'est ce que Fénelon lui-même disait à Ramsay : « L'Église n'a point condamné le pur amour en condamnant mon livre ; cette doctrine est enseignée dans toutes les écoles catholiques ; mais les termes dont je m'étais servi n'étaient pas propres dans un ouvrage dogmatique ». (Ramsay, p. 155.) C'est là ce qui explique aussi le *Mémoire pour être remis au Pape après ma mort*, dont parle le cardinal de Bausset (*Histoire de Fénelon*, t. II, n. XIV, p. 383), et dont il cite quelques passages. Fénelon y développait la théorie de l'amour pur, tout en continuant à se soumettre à la condamnation papale. Enfin, l'Église de France, dans son ensemble, n'a pas cru que l'amour pur était condamné *ipso facto* par la condamnation des *Maximes*, puisque, sur seize assemblées métropolitaines, huit seulement, c'est-à-dire la moitié, demandèrent la suppression des livres apologétiques : les huit autres croyaient donc que la doctrine de ces livres n'avait pas été condamnée. (Bausset, t. II, p. 291.)

qu'il en soit responsable. On ne pouvait pas même imputer à Fénelon le quiétisme mitigé de Mme Guyon qui repoussait les doctrines de Molinos sur l'irresponsabilité de l'âme dans les désordres du corps, mais qui tendait à proscrire toute piété positive, à savoir les prières vocales, la vue distincte des mystères, les actes séparés d'amour, de foi et d'espérance et l'examen réfléchi de soi-même. Fénelon répudiait toutes ces exagérations qu'il avait condamnées avec ses collègues des conférences d'Issy [1]. Avec lui, la question se concentrait sur l'amour de Dieu. C'est ici qu'il nous semble que les deux adversaires n'avaient ni absolument tort, ni absolument raison. Sans doute, au point de vue pratique, au point de vue de la réalité commune, Bossuet avait raison de ne pas vouloir affaiblir dans l'homme le désir du salut, qui est la plus forte attache qui retienne les hommes dans la religion. Psychologiquement aussi, il avait droit de dire que c'est une chimère de vouloir détruire dans l'homme toute espèce d'amour-propre et de désir du bonheur. Il croyait donc retrouver dans Fénelon la doctrine quiétiste de l'indifférence au salut, doctrine dangereuse qui enlèverait à l'homme tout ressort personnel et tout effort de vertu. Fénelon en effet avait eu le tort de prendre trop à la lettre le principe mystique de l'indifférence au salut, et il avait été obligé de convenir, dans ses explications apologétiques, que l'acte d'espé-

---

[1] Bausset, t. II, p. 249.

rance et de confiance en Dieu ne doit jamais disparaître d'une âme chrétienne; mais n'avait-il pas aussi raison, sinon au point de vue de la pratique vulgaire, au moins au point de vue de la perfection chrétienne, de soutenir que si l'espérance du salut est implicitement contenue dans l'amour de Dieu, elle ne doit pas en être le motif; qu'il ne faut pas aimer Dieu pour notre salut propre ni pour les biens même spirituels que nous en pouvons attendre? mais il faut croire au salut, par cela seul que l'on aime Dieu.

Fénelon n'était donc pas absolument chimérique dans cette controverse. Il représentait les intérêts de la partie la plus haute et la plus pure de l'âme, ne fût-ce qu'à titre d'idéal, inaccessible sans doute pour nous, mais dont il nous faut approcher le plus possible. La doctrine de l'amour pur représente un point de vue essentiel en théologie et en morale. Cette doctrine peut sans doute être exagérée — et Fénelon a pu tomber dans l'excès puisque ses *Maximes* ont été condamnées, — mais elle n'était pas mauvaise en elle-même, puisque les apologies qu'il en fit plus tard dans sa controverse avec Bossuet ne le furent pas.

En résumé, dans cette question comme dans toutes, Fénelon se montre à nous soumis à la fois aux principes de la tradition, avec tendance à l'indépendance et à l'individualité. Le commun ne lui suffit en rien. Il veut toujours quelque autre chose. Il n'a pas le goût de la révolte, mais il a celui de la liberté.

Il n'aime pas à penser comme tout le monde; et il cherche toujours le fin du fin. Pour conserver une Église, un Bossuet est nécessaire plus qu'un Fénelon; mais sans Fénelon une beauté aurait manqué à l'Église.

CHAPITRE VI

FÉNELON DIRECTEUR DE CONSCIENCE

Fénelon avait toutes les qualités qui peuvent faire un directeur accompli. Persuasion, douceur, délicatesse, élévation, insinuation, tels étaient ses moyens d'action auprès des âmes dévotes. En outre, il connaissait le monde et voyait les choses de haut. Sans doute, on pouvait craindre qu'il n'y eût un peu trop de spiritualité dans ses conseils, et le souvenir de ses témérités mystiques avait jeté quelque ombre sur cette partie de ses écrits. Aussi, lorsque le marquis de Fénelon, son neveu, voulut publier ses *Lettres spirituelles* (1719), il trouva de grands obstacles et même des empêchements absolus du côté de certains prélats. Mais autre chose est la théorie, autre chose la pratique. Ce qui peut être dogmatiquement l'objet d'un scrupule, peut être aussi plus ou moins autorisé dans la conduite des âmes pieuses, où l'on ne peut peser tous les mots. Les lettres de saint François de Sales sont pleines de sentiments et d'expressions mystiques, qui ne diffèrent guère de celles de Fénelon. Bossuet lui-même, dans ses lettres de direction à des religieuses, se laissa aller également à des expressions très fortes qu'il eût condamnées peut-être sous forme dogmatique dans Fénelon. Nous laisserons de côté d'ailleurs, dans les *Lettres spirituelles*, ce qui a un caractère de haute mysticité et qui appartient à la théologie plus qu'à la littérature; nous y chercherons au contraire tout ce qui a rapport à la vie du monde. On trouvera en ce genre de bien délicates recommandations dans les *Instructions ou Avis sur différents points de la morale et de la perfection chrétienne* [1]. On croit que beaucoup de ces avis étaient adressés à Mme de Maintenon. Rien de plus vraisemblable, si l'on considère l'appropriation de ces conseils à la situation particulière de cette illustre personne. Le problème pour Mme de Maintenon, qui était à la fois dans la plus haute situation mondaine et dans la plus pure dévotion, était de concilier ces deux exigences. Les conseils de Fénelon sont dictés par le tact le plus juste et le sens le plus vif des nécessités de la vie. Que faire des plaisirs et des dissipations de la cour? Il faut les supporter et en prendre ce qui est nécessaire : « Vous ne devez pas vous embarrasser sur les divertissements où vous ne pouvez éviter de

---

1. *Œuvres*, t. XVIII, p. 193. Ces instructions ne font pas partie des *Lettres spirituelles*, mais ce sont cependant de vraies lettres spirituelles.

prendre part.... Il y a des gens qui veulent qu'on gémisse de tout.... Je ne saurais m'accommoder de cette rigueur.... Quand Dieu met dans certaines places qui engagent à être de tout, il n'y a qu'à demeurer en paix sans se chicaner continuellement sur les motifs secrets qui peuvent insensiblement se glisser dans les cœurs.... Dieu ne se paie ni du bruit des lèvres, ni de la posture des corps, ni des cérémonies extérieures ; ce qu'il demande, c'est une volonté qui ne désire et ne rejette rien, qui veuille sans réserve tout ce qu'il veut.... Vous me dites que vous aimeriez mieux être occupée de quelque chose de plus sérieux et de plus solide. Mais Dieu ne l'aime pas mieux pour vous. »

Sans doute les chaînes de la cour sont des chaînes d'or qui ne sont pas moins dures que des chaînes de fer; mais en les acceptant, on les changera en bonheur et en liberté : « On voudrait être libre pour penser à Dieu; mais on s'unit bien mieux à lui en la volonté crucifiante qu'en se consolant par des pensées douces et affectueuses de ses bontés. On voudrait être à soi pour être plus à Dieu; mais rien n'est moins propre pour être à Dieu que de vouloir être encore à soi. Ce *moi* du vieil homme dans lequel on veut rentrer pour s'unir à Dieu est mille fois plus loin de lui que la bagatelle la plus ridicule; car il y a dans ce moi un venin subtil qui n'est point dans les amusements de l'enfance. »

Mme de Maintenon aimait à se retirer à Saint-Cyr pour se reposer de la cour. Fénelon approuve et encourage cette retraite; mais il ne veut pas qu'elle soit oisive : « Quand vous êtes à Saint-Cyr, vous devez reposer votre corps, soulager votre esprit et le recueillir devant Dieu. Vous êtes si assujettie, si affligée, si fatiguée à Versailles, que vous avez besoin d'une solitude libre et nourrissante pour l'intérieur à Saint-Cyr. Je ne voudrais pourtant point que vous manquassiez aux besoins pressants de la maison. » Point de mortifications excessives : « J'aime mieux que vous souffriez moins et que vous aimiez davantage. Rien de plus faux et de plus indigne que de vouloir choisir toujours en toutes choses ce qui nous mortifie. Je vous supplie de demeurer en paix dans cette conduite droite et simple. Soyez libre, gaie, simple, enfant, mais enfant hardi, qui ne craint rien, qui dit tout ingénument, qu'on porte dans ses bras, mais qui a une liberté et une hardiesse interdite aux grandes personnes. » Il faut voir les misères, mais pas au point de s'en décourager : « Il faut laisser la tentation gronder autour de vous, comme un voyageur surpris par un grand vent dans une campagne s'enveloppe dans son manteau et va toujours malgré le mauvais temps…. Quand on a satisfait un sage confesseur, il n'y a plus qu'à jeter toutes ses iniquités dans l'abîme des miséricordes. » Il ne faut point rêver de grandes vertus et de grands sacrifices qui sont impossibles et se contenter des petits qui sont à notre portée : « Saint François de Sales dit qu'il en est des grandes vertus et des petites fidélités comme du sel et du sucre. Le sucre a un goût plus exquis; mais il n'est pas d'un fréquent usage; au contraire, le sel entre dans tous les aliments. »

Fénelon se montre très sévère pour ce qu'il appelle « la justice pharisienne », qui est tout en extérieur : « On jeûne, on donne l'aumône, mais sans amour de Dieu, sans humilité, sans renoncement à soi-même. On est content pourvu qu'on ait devant soi un certain nombre d'œuvres régulièrement faites : c'est être pharisien. Un second défaut de la justice pharisienne, c'est qu'on s'y appuie comme sur sa propre force. On prend un grand plaisir à se voir juste, à se sentir fort, à se mirer dans sa vertu, comme une femme vaine dans son miroir. »

Mme de Maintenon avait demandé à Fénelon de lui faire connaître ses défauts. C'était une tâche bien délicate, et une grande responsabilité, même pour un prêtre. Rien de plus spirituel et de plus noble que la lettre que Fénelon écrit à ce sujet [1]. Il fait tout passer en tirant les défauts des qualités mêmes. Il paraît bien avoir dit la vérité; car c'est à peu près sous cette forme que nous nous représentons Mme de Maintenon.

« Vous êtes ingénue et naturelle, lui dit-il; vous faites très bien à l'égard de ceux pour qui vous avez du goût; mais quand vous êtes sèche, votre sécheresse va trop loin. » Il reconnaît en elle ce qui

---

1. *Correspondance*, t. V, p. 466.

dominait par-dessus tout : l'amour de la gloire et la considération ; c'était lui dire ce qu'elle se disait souvent à elle-même : « Vous êtes née avec beaucoup de gloire, vous tenez à l'estime des honnêtes gens, au plaisir de soutenir votre prospérité avec modération, à celui de paraître par votre cœur au-dessus de votre place. Le *moi* est une idole que vous n'avez pas encore brisée. » Il lui fait entendre délicatement ce qu'on disait d'elle : « On dit, et selon toute apparence avec quelque vérité, que vous êtes sèche et sévère, qu'étant dure à vous-même, vous l'êtes aux autres.... S'il est vrai que vous soyez telle, ce défaut ne vous sera ôté que par une longue et profonde étude de vous-même. »

Fénelon est amené à lui parler de sa conduite avec le roi et de son influence sur les affaires. C'était toucher à un point délicat qu'on ne lui demandait peut-être pas ; mais il y toucha avec tant de tact que sans doute on ne lui en sut pas mauvais gré. La manie de Mme de Maintenon était de dire qu'elle était impropre aux affaires ; mais ce n'était pas la blesser que de lui dire qu'elle en était peut-être plus capable qu'elle ne pensait. « Vous vous défiez trop de vous-même ; vous craignez trop d'entrer dans des discussions contraires au goût que vous avez pour une vie tranquille et recueillie. » Cependant il est bien loin de l'encourager à une intervention indiscrète dans les affaires du roi : « Parler avec chaleur et âpreté, revenir à la charge, dresser des batteries sourdes, faire des plans de sagesse humaine, c'est vouloir faire le bien par une mauvaise voie ».

Il continue à lui parler du roi : « Votre application à le toucher, à l'instruire, à lui ouvrir le cœur, à le garantir de certains pièges, à lui donner des vues de paix et surtout de soulagement des peuples, de modération, d'équité, de défiance à l'égard des conseils durs et violents, d'horreur pour les actes d'autorité arbitraire,... voilà l'occupation que je mets au-dessus de toutes les autres. »

Il va bien loin dans la mysticité, et touche à un ascétisme un peu fanatique lorsqu'il conseille de rejeter le goût de l'amitié et la bonté du cœur. Il ne fit que trop lui-même l'expérience du succès qu'avaient eu ses conseils : car ni l'amitié ni la bonté ne le suivirent dans sa chute et dans son exil. Mais il ne pensait pas à ces conséquences lorsqu'il écrivait : « La véritable bonté du cœur consiste dans la fidélité à Dieu. Toutes les générosités, toutes les tendresses naturelles ne sont qu'un amour-propre plus raffiné, plus séduisant, plus flatteur, plus aimable, plus diabolique. Il faut mourir sans réserve à toute amitié. » Voilà qui va bien loin : en sacrifiant les amitiés humaines, est-on bien sûr de les remplacer par l'amour de Dieu?

Quant à la famille, deux règles : « Ne pas se refuser de parler pour vos parents quand il est raisonnable de le faire; ne pas se fâcher quand la recommandation ne réussit pas ». Enfin, c'est la guerre au *moi* qui est toujours le dernier mot de Fénelon :

« Renoncer sans hésiter à ce malheureux *moi*, voilà le vrai crucifiement ».

La plus étendue des correspondances spirituelles de Fénelon est celle qu'il entretint avec la comtesse de Montheron. Elle roule principalement sur une des maladies les plus fréquentes dans la dévotion et les plus connues des directeurs de conscience : c'est la maladie des scrupules. Il y a des livres sur ce sujet. Fénelon ne cesse de combattre cette infirmité, ainsi que l'excès d'inquiétude et d'agitation dans le service de Dieu (lettres 244-247). Il recommande l'abandon simple et enfantin à la Providence (lettres 249-252). Il combat les scrupules (254); il en cherche l'origine et les moyens d'y remédier (251). Il montre le tort des scrupules outrés (257).

Il faut avouer qu'il y avait aussi bien du découragement dans la manière dont Fénelon combattait ces scrupules. Le directeur lui-même aurait eu besoin d'un directeur : « Pour moi, écrivait-il, je suis dans une paix sèche, obscure et languissante; sans ennui, sans plaisir, sans pensée d'en avoir aucun, avec un présent insipide et souvent épineux, avec un je ne sais quoi qui me porte, qui m'adoucit chaque croix, qui me contente sans goût.... Le monde me paraît comme une mauvaise comédie qui va disparaître dans quelques heures. Je me méprise plus encore que le monde; je mets tout au pis aller; et c'est dans le fond de ce pis aller que je trouve la paix. » Est-ce là, ô Fénelon, le langage d'un bon directeur? Est-ce à vous à enseigner à une âme faible et délicate le dégoût de toutes choses, l'ennui de la vie et la paix dans le dernier degré de l'indifférence? Si c'est là du quiétisme, c'est du mauvais quiétisme, ressemblant au *nirvana* du bouddhisme. N'y a-t-il pas dans la vie des affections et des devoirs positifs qui arrêtent et qui fortifient, qui réjouissent et qui commandent? Et n'est-ce pas un raffinement morbide de l'imagination que de ne voir partout que vide et néant? De tels sentiments peuvent être bons pour le cloître; et encore je les y trouverais dangereux; mais ils ne servent en rien à la vie du monde. Un peu de mysticisme est bon; trop de mysticisme est funeste et ne sert qu'à briser tous les ressorts. Qui trouvera la force nécessaire pour agir dans un pareil renoncement à tout? Ce prétendu abandon à Dieu n'est-il pas au contraire un abandon à soi-même, et ne serait-ce pas la même chose si on ne croyait qu'au néant?

Cet excès d'ennui et de vide de l'âme était précisément le mal dont souffrait la pénitente de Fénelon. Il lui renvoyait son propre mal. Et cependant nul ne voyait mieux que lui la vanité de ces vains scrupules dont elle était dévorée. Il le voyait clairement, il lui disait la vérité, mais sans succès. C'était toujours à recommencer : « Vous vous troublez, vous vous desséchez; vous vous éloignez de Dieu... par la recherche inquiète de toutes ces vétilles que vous grossissez dans votre imagination. Je les mets au pis; je les suppose de vrais péchés; du moins ils ne peuvent être que des péchés véniels dont il faut s'humilier.... Tournez votre délicatesse scrupuleuse contre vos scrupules mêmes (257). Le véritable amour de Dieu dissipe tous les scrupules (258). »

La suite de la correspondance continue sur le même ton et sur le même sujet. Il lui demande de se confesser sans inquiétude et sans scrupules (262); de surmonter les scrupules en se défiant de l'imagination (264); d'éviter les raisonnements et les retours subtils sur soi-même (267) : docilité, obéissance simple et aveugle, remèdes contre les scrupules (274-276). Enfin, jusqu'au bout, il n'est question que de scrupules; et cependant cette correspondance dure dix ans. On voit que Fénelon n'a rien gagné, puisque jusqu'à la fin il recommence toujours. La maladie des scrupules est une sorte d'hypocondrie spirituelle sur laquelle la direction religieuse ne paraît pas avoir plus de prises que la médecine ordinaire sur l'hypocondrie physique.

De toutes les œuvres qui se rattachent à la direction spirituelle de Fénelon, la plus remarquable a été la conversion du chevalier Ramsay. Elle mérite de nous arrêter quelques instants.

Ramsay était un noble écossais qui, attaché à la famille des Stuarts, avait fait de la France sa seconde patrie, et avait si bien su s'y naturaliser, qu'il composa en français tous ses ouvrages, et cela dans un style noble, élégant et généralement pur. Il faisait partie de la petite cour de Saint-Germain, dans laquelle végétait le prétendant, et ce fut là qu'il mourut en 1743. Sa plus grande gloire, il faut le dire, a été d'être l'ami, le disciple, le néophyte de Fénelon.

On sait qu'au commencement du xviiie siècle la disposition qui régnait le plus généralement soit à Londres, soit à Paris, était un scepticisme hardi, railleur, peu profond la plupart du temps, quelquefois s'arrêtant en deçà, mais le plus souvent s'avançant au delà des limites de la religion naturelle, mais surtout très hostile au christianisme. Ce n'est pas Voltaire qui a inventé cette sorte de scepticisme : il l'avait lui-même rencontré et respiré, d'abord à Paris dans la société du Temple, puis à Londres dans la société des beaux esprits, de Collins, de Toland, de Bolingbroke; mais il se le rendit propre par son génie, il le répandit sur son siècle et lui donna son nom. Au milieu de ce libertinage, comme on l'appelait alors, n'est-ce pas un spectacle plein d'intérêt qu'un sceptique d'un tout autre genre, qui ne ressemble en rien à ceux de ce temps-là, un sceptique inquiet, tourmenté, avide de vérité, et qui, selon la grande parole de Pascal, la cherchait en gémissant? Tel fut le chevalier de Ramsay. Né en Écosse, dans ce pays austère que la religion de Calvin et de Knox a marqué d'une si profonde empreinte, son âme était insensible au scepticisme superficiel des cours et des villes; et cependant les contradictions des sectes, leur fanatisme, leur superstition révoltaient son âme et le plongeaient dans la plus amère des angoisses. Un instant, nous dit-il, il fut sur le point de se précipiter dans l'athéisme ; mais il en eut horreur. Le déisme satisfaisait davantage sa raison ; mais il le trouvait nu, vague, froid, sans autorité. Il parcourut toutes les religions pour y chercher la vérité ; il alla jusqu'en Hollande consulter le ministre Poiret, mystique célèbre, qui lui donna peu de satisfaction ; enfin sa bonne fortune le conduisit à Cambrai, et ce fut là que son âme vaincue, et en quelque sorte enchantée par la parole ravissante du plus spirituel et du plus tendre des prêtres chrétiens, abdiqua entre les mains de l'autorité catholique. Il nous a laissé le récit de ses entretiens avec le noble archevêque ; ce récit, si j'ose le dire, est une sorte de profession de foi du vicaire savoyard retournée. Ramsay, comme un Rousseau anticipé, ouvre toute son âme avec effusion et candeur. Fénelon entre dans cette âme, la console, la caresse, l'enveloppe pour ainsi dire, et ne la laisse qu'abattue. Pouvait-on résister à de telles paroles, qu'aucun autre peut-être n'eût osé prononcer alors : « Celui qui n'a point senti tous les combats que vous sentez pour parvenir à la vérité, n'en connaît point le prix. Ouvrez-moi votre cœur. Ne craignez point de me choquer ; je vois votre plaie ; elle est profonde ; mais elle n'est point sans ressource, puisque vous la découvrez. » En parlant ainsi, le noble prêtre ne semble-t-il pas pressentir et, sans le savoir, flatter déjà ce doute de nos jours, doute sincère et profond, ému et fier, qui souffre de ne rien croire, mais qui se complaît et s'enorgueillit dans sa souffrance? Quant à Ramsay, il rendit les armes, s'attacha à Fénelon, en goûta et en adopta les principes, en imita les écrits. Il lui a témoigné sa reconnaissance en publiant une *Vie de Fénelon*, très intéressante et qui contient des détails qu'on ne trouve que là, et en particulier les paroles que nous venons de citer.

Toutes les lettres spirituelles ne portent pas exclusivement sur les subtilités et les délicatesses de la vie intérieure. Elles s'adressent à toutes sortes de personnes, et portent sur bien des sujets divers. A un archevêque (Colbert, archevêque de Rouen) il conseille de ne pas se laisser entraîner au luxe des bâtiments : « Vous n'avez, lui disait-il, vu que trop d'exemples domestiques des engagements insensibles dans ces sortes d'entreprises. La tentation se glisse d'abord doucement; elle fait la modeste, de peur d'offenser; mais ensuite elle devient tyrannique. Un dessein attire un autre; on aperçoit qu'un endroit de l'ouvrage est déshonoré par un autre : chaque chose qu'on fait paraît médiocre; le tout devient superflu et excessif. On se passionne au bâtiment comme au jeu; une maison devient une maîtresse. Qui corrigera la fureur de bâtir? »

A un militaire qui le consulte sur des réquisitions en campagne, il donne des conseils tout pratiques : 1° prendre les fourrages ainsi que le reste de l'armée; on ferait scandale en paraissant condamner l'unique manière dont le roi veut et peut entretenir ses troupes; 2° pour les arbres fruitiers, je ne souffrirais pas qu'on les brûlât ; 3° pour le bois qui n'est pas fruitier, se contenter d'en couper les branches; 4° éviter de prendre sur le prochain tout ce que la police du camp permet d'acheter. Quand la difficulté d'acheter devient insurmontable, on peut alors considérer comme une vraie nécessité de prendre; c'est un malheur inévitable que la guerre entraîne après elle. »

A un jeune homme qui vivait à la cour, il donne des conseils de recueillement et de piété qui n'ont rien de contradictoire avec les obligations de sa condition. Il lui fait voir deux écueils : la mollesse et l'amusement. Il le détourne d'une trop grande austérité : « Il est à craindre que vos sentiments de religion ne vous engagent peu à peu dans une vie particulière qui, dans le fond, n'aura rien de solide. Vous compterez pour beaucoup de vous éloigner des compagnies folles de la jeunesse, et vous ne vous apercevrez pas que la religion ne sera que votre prétexte pour les fuir. Tout cela vous enfoncera dans une vie plus sérieuse et plus sombre; mais craignez que ce ne soit un sérieux aussi vide que leurs folies gaies. » Au lieu de cette retraite prétentieuse et sauvage, il lui conseille de voir civilement tout le monde dans les lieux où tout le monde va, à la cour chez le roi, à l'armée chez les généraux. Il faut tâcher d'acquérir une certaine politesse…. Nul air de gloire, nulle affectation. Quand on saura que vous travaillez à n'ignorer rien dans l'histoire et dans la guerre, personne n'osera vous attaquer sur la dévotion. »

On voit que Fénelon savait, quand il le voulait, prêter à la spiritualité le sens juste de la vie et du monde. Il ne croyait pas que la dévotion pût remplacer tout; il voulait que l'homme pieux fût en même temps un honnête homme suivant le monde. La perfection n'excluait point pour lui la sagesse, et il ne voulait pas que la piété dégénérât en singularité. La simplicité était sa règle en toutes choses; et cette simplicité s'éloignait autant d'une direction farouche pleine d'orgueil que de la vanité mondaine et d'une profane ambition.

CHAPITRE VI

« TÉLÉMAQUE »

Le *Télémaque* eut, à l'époque de son apparition (1699), un succès prodigieux, le succès d'une satire ou d'un pamphlet, car ce fut ce sens qui lui fut donné d'abord et de tous côtés. On y vit la critique dure et malveillante de la cour et du gouvernement de Louis XIV. Cette critique flattait les instincts de rancune et de jalousie que Louis XIV provoquait en Europe, la haine des réfugiés protestants et les velléités d'opposition qui existaient en France. *Télémaque* fut traduit dans toutes les langues de l'Europe ; et encore aujourd'hui, dans beaucoup de pays, c'est avec le *Télémaque* que l'on apprend le français.

Ce succès d'opposition a dû passer avec le temps. Le *Télémaque* est devenu alors la lecture de l'enfance, le premier roman permis à la jeunesse. Nous en avons tous été ravis à un moment quelconque ; mais on ne le relit plus guère aujourd'hui à l'âge de la maturité. On a trop lu de romans; on est trop blasé sur les aventures romanesques et sur la peinture des passions pour que *Télémaque* excite encore un vif intérêt. Il faut le lire littérairement; et l'on y trouvera alors de grandes beautés.

Le *Télémaque* est une imitation de l'Odyssée d'Homère. Au lieu des voyages d'Ulysse et de ses pérégrinations à travers les mers pour revenir à Ithaque retrouver sa fidèle Pénélope, c'est l'histoire des aventures de Télémaque à la recherche de son père Ulysse. C'était un cadre heureux pour y faire rentrer mille souvenirs des grandes épopées antiques : l'*Iliade*, l'*Odyssée* et l'*Énéide*. À chaque pas on devait rencontrer les souvenirs de la guerre de Troie et des vers de Virgile et d'Homère. C'était aussi un cadre d'aventures qui devaient charmer et égayer l'imagination encore si peu blasée des lecteurs d'alors.

Non seulement le sujet de *Télémaque* est emprunté à l'antiquité, mais encore le livre est plein de souvenirs et d'imitations antiques. Les voyages de Télémaque rappellent les voyages d'Ulysse dans l'*Odyssée*. L'île de Calypso rappelle l'île de Circé. Seulement les breuvages enivrants par lesquels Circé change en brutes les compagnons d'Ulysse sont remplacés ici par les ivresses plus séduisantes mais non moins dangereuses de l'amour. Télémaque échappe aux tentations de Calypso, comme Ulysse aux tentations de Circé. C'est encore à l'*Odyssée* que Fénelon emprunte l'ingénieux artifice qui fait cacher Minerve sous les traits de Mentor. Le discours de Télémaque à la déesse fait penser au discours d'Énée à Vénus en abordant en Afrique, et à celui d'Énée à Didon lorsqu'il paraît devant la reine, de même que ceux-ci d'ailleurs rappellent des discours semblables dans l'*Odyssée*. Le récit de la tempête du 1er chant est imité de celui de l'*Énéide*. C'est encore à l'*Énéide* que Fénelon emprunte, en le développant beaucoup, l'épisode de Pygmalion. Le songe de Télémaque est une imitation des songes antiques et en particulier de celui d'Énée (2e chant de l'*Énéide*). L'épisode d'Idoménée est un souvenir de l'*Odyssée* et de l'*Énéide* (3e chant). Les combats et les jeux du 1er chant de *Télémaque* rappellent les champs et les jeux du cinquième chant de l'*Énéide*. Les énigmes sont encore un écho de l'antiquité grecque, qui aimait passionnément ce genre d'esprit. Les plaintes de Calypso sur la froideur du jeune héros font penser aux plaintes de Didon ou d'Ariane également abandonnées. La peinture de la Bétique est inspirée par les peintures de l'âge d'or dans Hésiode et dans Virgile. Les prières de Vénus suppliant Jupiter de lui sacrifier Télémaque sont un écho des prières de Junon suppliant Jupiter contre les Troyens. La fondation de la ville de Salente rappelle la fondation de Carthage dans l'*Énéide* (1er chant). La république de Salente est une imitation de la *République* de Platon et un souvenir de vieilles constitutions idéalisées de la Crète et de Lacédémone. La peinture charmante de la vie agricole est un écho du célèbre morceau des *Géorgiques* : *O fortunatos!* Les maximes sur l'éducation nous ramènent à la *Cyropédie*. Le bouclier de Télémaque est une imitation du bouclier d'Achille dans Homère et du bouclier d'Énée dans l'*Énéide*. Nous avons déjà fait remarquer que des chants entiers sont des imitations et des traductions. Le chant sur Philoctète est une traduction de Sophocle. La description des Champs Élysées est une imitation transformée du 6ᵉ chant de l'*Énéide*. Il y a même des imitations plus particulières. L'entrée des Enfers est prise de Virgile (6ᵉ chant). Toute la description du Tartare est presque entièrement traduite. Les Champs Élysées sont aussi une imitation, mais une imitation peut-être supérieure au modèle. Il faut rappeler encore les funérailles d'Hippias, tableau très fréquent chez les anciens, par exemple celles de Patrocle et d'Hector. Nous ne signalons d'ailleurs que les parties d'une certaine étendue ; mais à chaque pas on reconnaît le style, les impressions, les expressions mêmes de Virgile et d'Homère. Les épithètes homériques sont fréquentes. Les chants d'Apollon reproduisent mille chants semblables : « Il chantait les fleurs dont le printemps se couronne... ». La séduction des bêtes sauvages rappelle Orphée dans Horace.

A chaque pas enfin, des comparaisons empruntées aux objets les plus simples et les plus familiers, la mort d'un jeune homme comparée à la fleur tranchée par la faux : « la déesse s'élevait au-dessus de ses compagnes, comme un grand chêne dans une forêt au-dessus de tous les arbres qui l'environnent », tout cela est souvenir de l'antiquité.

En résumé, Fénelon a emprunté aux anciens son sujet, ses personnages et ses principaux épisodes, de nombreux détails, les songes, les chants, les tempêtes, les batailles, les jeux et les luttes, enfin les descriptions et ses comparaisons les plus fréquentes. Insistons maintenant sur quelques-uns des plus beaux ou des plus brillants épisodes.

Voici Apollon gardant les troupeaux d'Admète, et charmant les bergers par des chants délicieux. Rien de plus doux, de plus aimable, de plus musical que la description de ces chants. « Il chantait les fleurs dont le printemps se couronne, les parfums qu'il répand et la verdure qui naît sous ses pas. Puis il chantait les délicieuses nuits de l'été où les zéphyrs rafraîchissent les hommes et où la rosée désaltère la terre.... Il représentait les forêts sombres, les creux vallons, et apprit ainsi aux bergers les charmes de la vie champêtre. »

A côté de ces tableaux pleins de grâce, en voici d'autres pleins de force et de feu : « Un jour, un lion affamé vient se jeter sur mon troupeau ; je n'avais que ma houlette ; je m'avance hardiment ; le lion hérisse sa crinière, me montre ses dents et ses griffes, ouvre une gueule sèche et enflammée ; ses yeux paraissent pleins de sang et de feu ; il bat ses flancs avec sa longue queue. Je le terrasse ; trois fois je l'abattis, trois fois il se releva, enfin je l'étouffai. » Sans doute il n'est pas commun de voir un homme étouffer un lion ; mais nous sommes dans la poésie, tout près des temps héroïques, peu de temps après les exploits d'Hercule.

Les récits n'ont pas moins de brillant que les descriptions. La scène du sacrifice d'Idoménée est des plus tragiques et digne d'un peintre. On sait qu'Idoménée, comme Thésée dans *Phèdre*, a fait un vœu indiscret. Il a promis à Neptune, pour obtenir qu'il le sauve dans un naufrage, de lui sacrifier la première tête qui se présenterait à ses yeux. C'est son fils que ses yeux rencontrent le premier : « Il voit son fils, il recule saisi d'horreur…. Cependant le fils se jette à son cou : « O mon père ! d'où vient cette tristesse ? « Qu'ai-je fait ? Vous détournez les yeux de peur de « me voir. » Idoménée avoue son vœu ; il veut lui-même se percer de son épée. Le vieil interprète des dieux Sophronisques essaie de le détourner de l'accomplissement d'un vœu si téméraire : « Votre promesse a été imprudente ; les dieux ne veulent pas être honorés par la cruauté ». Idoménée écoutait ce discours la tête baissée et sans répondre ; la fureur était allumée dans ses yeux. Son visage pâle et défait changeait à chaque instant de couleur. Cependant son fils lui disait : « Me voici, mon père ; votre fils est prêt à mourir pour apaiser les dieux ; n'attirez pas sur vous leur colère ». Ces paroles tendres et résignées rappellent celles d'Iphigénie dans la tragédie de Racine. Le sentiment chrétien a passé par là ; et le sacrifice d'Idoménée fait songer au sacrifice d'Abraham.

Tous les exemples que nous avons cités suffisent à prouver combien *Télémaque* est poétique quoique écrit en prose. Mais il n'est pas seulement un roman poétique, il est encore, selon l'expression de Voltaire, un *roman moral*, un roman d'éducation. Il touche, non seulement à la morale, mais à la politique et à la religion. Ces trois objets y sont inséparables. Comme il s'agit d'un prince, la morale y a presque toujours rapport à l'art de régner. En outre, comme c'est une déesse qui parle sous la figure de Mentor, elle rappelle toujours le souvenir des dieux, et dans ses discours la morale s'unit à la religion. On a sans doute reproché avec raison à Mentor son humeur prêcheuse : une déesse devrait parler d'une manière moins monotone, et débiter moins de banalités. Une telle morale pourrait facilement produire sur la jeunesse une impression contraire à celle que l'on cherche. Cependant ce qui relève cette morale, et ce qui lui donnait au temps de Fénelon une signification piquante, c'est que la malice des lecteurs y voyait une opposition secrète et une satire indirecte des mœurs et du gouvernement de Louis XIV. Ces lieux communs prennent une singulière acuité lorsqu'on les replace dans le temps et dans le milieu. Malgré toutes les dénégations de Fénelon, il n'est guère permis de douter que sa principale pensée ne fût une critique et son arrière-pensée de préparer un autre esprit de gouvernement chez le futur souverain qui était appelé à succéder à Louis XIV. C'est cet esprit de critique qui domine partout et même avec une certaine amertume. Sauf Sésostris, l'auteur ne nous présente en général que de mauvais rois (Bocchoris, Pygmalion, Idoménée avant sa réforme, Adraste). Il place aux Enfers la plupart des rois; et il en laisse très peu aux Champs Élysées. Toutes les critiques adressées aux rois portent particulièrement sur Louis XIV : les conquêtes, la guerre, le faste et le luxe, les flatteurs, les ministres tout-puissants et prévaricateurs (Protésilas-Louvois), le pouvoir absolu. Au spectacle d'un peuple opprimé et dépouillé par ses maîtres, il oppose la peinture idéale et utopique d'un peuple parfaitement heureux (la Bétique, Salente).

Indépendamment de cet esprit de critique un peu chimérique, un peu platonique, inspiré par une politique de cabinet, et qui prêchait la paix, la modération, la simplicité des mœurs, la nécessité des règles, la médiocrité des impôts, il y a encore dans *Télémaque*, malgré ses formes païennes, une autre inspiration qui en élève la morale au-dessus de la morale des païens : c'est l'inspiration chrétienne. On peut dire que c'est cette inspiration qui anime Fénelon lorsqu'il place sans cesse la paix au-dessus de la guerre, doctrine si peu conforme au génie de l'antiquité, pour laquelle la gloire militaire était au-dessus de tout. C'est cette inspiration qui lui fait dire que tous les peuples sont frères (liv. XII), expression qui n'appartient qu'au christianisme; c'est la même inspiration qui fait dire par Mentor à Télémaque que sa vertu ne vient pas de lui, mais de quelque chose d'étranger qui était « mis en lui », allusion évidente à la doctrine de la grâce (XII). C'est au texte chrétien que pense Fénelon lorsqu'il parle de « cette lumière simple, infinie, immuable, qui se donne à tout sans se partager, de cette vérité souveraine qui éclaire tous les esprits comme le soleil éclaire le corps » (X) : n'est-ce pas là cette lumière dont parle saint Jean qui éclaire tout homme venant en ce monde (*Saint Jean*, I, 9) ? La peinture des Enfers et des Champs Élysées est encore due à l'esprit chrétien. C'est le christianisme qui, à la place des châtiments matériels de la mythologie antique, lui suggère que le crime est à lui-même son propre châtiment (XVIII). C'est le christianisme enfin qui lui a inspiré cette admirable peinture des Champs Élysées où le bonheur tout matériel des païens est transfiguré et idéalisé, où la lumière qui enveloppe les bienheureux est plutôt « une gloire céleste qu'une lumière », une lumière « qui les nourrit, qui sort d'eux, qui y entre, qui les pénètre, s'incorpore à eux et est pour eux une source intarissable de paix et de joie », ou encore « un abîme de délices où ils sont plongés comme le poisson dans la mer ». C'est le même sentiment qui lui inspire de prêter à ces bienheureux de la pitié pour les misères humaines, mais « une pitié douce et paisible qui n'altère pas leur immuable félicité ».

Est-il nécessaire de parler du style, dont les qualités propres apparaissent d'elles-mêmes dans les pages qui précèdent? Mais il peut être utile d'en rassembler les principaux caractères. Le trait distinctif de ce style, dans toutes les œuvres de Fénelon, mais surtout dans le *Télémaque*, c'est la grâce. Aucun écrivain français en prose ne l'égale sous ce rapport. Personne n'a peint comme lui les choses douces, aimables et naturelles. Quand il peint la nature, c'est toujours sous les traits les plus simples et les plus familiers. Il peint d'une manière ravissante la jeunesse (portrait de Télémaque), la mort d'un jeune homme (mort d'Hippias et de Pisistrate), le séjour des bienheureux dans les Champs Élysées. La grâce ne l'abandonne jamais, même quand il s'élève à la gravité et à la grandeur, comme dans le discours d'Arcésius sur la vieillesse, où elle se joint à la plus noble mélancolie; elle se joint aussi à la plus fine métaphysique, par exemple lorsque, d'après l'Évangile de saint Jean, il peint « cette lumière simple, infinie, immuable, qui se donne à tous sans partage ».

Indépendamment de la grâce qui, selon La Fontaine, est plus belle encore que la beauté, il y a dans Fénelon beaucoup d'imagination, non pas, comme dans Bossuet, grande, sublime, profonde, hébraïque, mais vive, brillante, colorée, grecque. Son récit, dans les beaux endroits (combats, luttes, naufrages), est rapide, composé de traits sobres, vifs, frappants. La grâce n'exclut pas la force (par exemple dans le combat d'Adraste et de Télémaque), ni le pathétique (le sacrifice d'Idoménée), ni le terrible (la mort de Bocchoris). Cependant son triomphe est surtout dans la peinture des choses nobles, délicates et pures. A l'opposé des autres poètes, il a mieux réussi dans la peinture du Paradis que dans celle de l'Enfer.

En résumé, que doit-on penser de *Télémaque*? Il est difficile d'y voir une œuvre de premier ordre, car ce n'est pas une œuvre de création et d'invention; ce n'est qu'une suite d'imitations et de souvenirs. Son plus grand charme est de nous faire revivre l'antiquité. On ne peut le mettre au rang de l'*Iliade* et de l'*Énéide*, ni même du *Paradis perdu* et de la *Jérusalem délivrée*. Même les *Martyrs* de Chateaubriand, qui ne sont pas moins démodés, sont une œuvre plus originale. La peinture des deux civilisations, païenne et chrétienne, dans leurs luttes et dans leurs conflits, est d'un plus vif intérêt que la recherche d'Ulysse. Le martyre de Cymodocée est plus pathétique que les pérégrinations de Télémaque. Le style même, quoique moins sain et d'une moins bonne époque, a plus de grandeur et d'éclat. Et cependant on ne lit plus les *Martyrs*, mais lit-on beaucoup *Télémaque*? C'est le sort des chefs-d'œuvre du passé, surtout dans le roman, après leur période de succès, de ne plus laisser place qu'à une froide et dédaigneuse estime. Si les tragédies n'étaient pas conservées par le théâtre, il en serait peut-être de même pour elles. Le *Télémaque* n'en est pas moins une œuvre d'une grande beauté; nous en avons fait ressortir les mérites : au second rang, il n'y a pas d'ouvrages classiques qui méritent mieux leur renommée.

Devra-t-on maintenant consacrer ce jugement dur et dédaigneux de Bossuet : « ouvrage peu sérieux et peu digne d'un prêtre »? C'est là un jugement injuste; au fond *Télémaque* est sérieux, à moins que l'on ne condamne toutes les œuvres d'imagination. Est-il indigne d'un prêtre? Nous n'en savons rien; nous ne savons jusqu'où peut aller le droit du prêtre à s'avancer sur le terrain de la littérature profane. Ce qui est vrai, c'est qu'à aucun degré on n'y sent l'esprit ecclésiastique; et c'est ce qui en fait le charme. Ce que nous aimons dans Fénelon, c'est qu'il n'est pas exclusivement prêtre, c'est qu'il peut oublier pour quelque temps sa robe pour se distraire et se raconter à lui-même les aventures de son jeune héros. Il a aimé les romans au point d'en faire un lui-même. Comment ne pas lui pardonner cette faiblesse? Il n'a pas craint, lui archevêque, de peindre l'amour, de le peindre deux fois, sous la forme de la volupté enivrante, et sous la forme de la grâce ingénue, dans Eucharis et dans Antiope. Pas un mot de Bossuet ne donne à supposer qu'il ait compris le charme de l'amour innocent. Il le condamne dans les tragédies, même généreux, et n'en voit jamais que ce qu'il a de charnel. Fénelon n'a pas cette défiance monacale; on voit qu'il aime les jeunes préludes d'un mariage heureux et vertueux, et n'en exclut pas la tendresse. Tout cela a quelque chose d'humain qui touche et qui captive. Le *Télémaque* n'est donc pas l'œuvre d'un prêtre; mais il ne serait pas aussi touchant s'il n'avait pas été fait par un prêtre. Nous accordons que Fénelon s'est avancé un peu loin pour un archevêque; mais nous ne l'en aimons pas moins pour cela, au contraire; et n'étant pas chargé de la censure ecclésiastique, nous l'absolvons au nom de la censure littéraire.

CHAPITRE VIII

LA POLITIQUE DE FÉNELON

On s'est souvent demandé si les vues politiques de Fénelon étaient les vues d'une politique vraiment libérale, ouverte vers l'avenir, et si ce n'était pas plutôt un souvenir et un regret du passé, c'est-à-dire d'une monarchie aristocratique, où l'autorité des rois n'eût été contenue que par les privilèges de la noblesse.

C'est là, selon nous, une exagération. Sans doute Fénelon, étant noble et de son siècle, n'a pas pensé et n'eût pas consenti à l'affaiblissement de la noblesse; et Montesquieu lui-même considérait la noblesse comme une partie essentielle du gouvernement monarchique. Mais ce qui fait le plus grand honneur à Fénelon, ce qui prouve qu'il avait l'esprit tourné vers l'avenir aussi bien que vers le passé, c'est le sentiment profond qu'il a eu de la nécessité d'associer la nation à l'autorité royale. Ce qu'il dit, par exemple, de l'insuffisance du despotisme, est d'une vérité absolue; et plus d'une fois, dans notre histoire, les événements se sont chargés de confirmer la vérité et la profondeur de la pensée de Fénelon.

« Notre mal, écrivait-il en 1710 à son ami le duc de Chevreuse, c'est que cette guerre n'a été jusqu'ici que l'affaire du roi, qui est ruiné et discrédité. Il faudrait en faire l'affaire véritable de tout le corps de la nation. Elle ne l'est que trop devenue : la paix étant rompue, le corps de la nation se voit dans un péril prochain d'être subjugué.... Il faudrait qu'il se répandît dans toute notre nation une persuasion intime et constante que c'est la nation elle-même qui soutient le poids de cette guerre, comme on persuade aux Anglais et aux Hollandais que c'est par leur choix et pour leur intérêt qu'ils la font. Je voudrais qu'on laissât aux hommes les plus considérables à chercher les ressources nécessaires. Ils ne seraient peut-être pas d'abord au fait. Aussi serait-ce pour les y mettre que je voudrais les faire entrer dans cet examen. Alors chacun dirait en lui-même : il n'est plus question du passé, il est question de l'avenir. *C'est la nation qui doit se sauver elle-même.* » (*Correspondance*, t. I, p. 390.)

Comment soutiendrait-on que l'homme qui a écrit une telle page n'est pas de nos ancêtres, un des précurseurs de l'esprit libéral moderne? N'a-t-il pas eu le juste pressentiment de ce qu'on a appelé le gouvernement du pays par le pays? Qu'il maintienne d'ailleurs dans ce qu'il appelle la nation l'élément aristocratique avec ses privilèges, qu'il ait aussi mêlé dans ses plans quelques éléments d'utopie, c'est ce qui ne détruit pas la force et l'autorité des vrais principes qu'il a posés.

Un moment allait venir d'ailleurs où ce n'étaient plus seulement des plans théoriques et généraux, plus près de la morale que de la politique, dont Fénelon devait avoir à s'occuper. Un jour vint où il se vit à la veille de la responsabilité pratique des applications. Monseigneur était mort; celui que l'on avait pendant tout le règne de Louis XIV appelé le Dauphin, avait disparu en 1711. Le successeur indiqué, le nouveau Dauphin, était le duc de Bourgogne, l'élève de Fénelon. Rien ne séparait plus le jeune duc de la royauté qu'un vieillard usé et affaibli dont la mort paraissait prochaine. Dans cette royauté nouvelle la place de Fénelon était indiquée. Il fallait préparer le plan d'une politique nouvelle pour ne pas être pris au dépourvu. C'était naturellement à Fénelon que la petite église du duc de Bourgogne, des deux ducs, comme on les appelait, le duc de Beauvillier et le duc de Chevreuse, devait s'adresser. Il était difficile de le faire par lettres. Il fut décidé qu'on se rencontrerait, qu'on se verrait. Ce fut à Chaulnes qu'eut lieu cette rencontre, en novembre 1711. Là se tinrent de longues et importantes conversations dont les résultats furent consignés dans des maximes courtes et abrégées, des têtes de chapitre que Fénelon appelait des *tables*, et auxquels on est convenu de donner le nom de *Tables de Chaulnes* [1]. C'est dans ces tables que Fénelon s'est le plus approché de la politique pratique. Nous y voyons les principes qu'il eût essayé d'appliquer, s'il avait été mis par les événements à la tête du gouvernement. Il ne faut pas lui demander plus que le temps ne le permettait. Ce ne sont pas les principes de 89; mais si l'on se place à l'époque où ces règles ont été rédigées, on voit qu'elles étaient inspirées par un esprit totalement opposé aux principes de la royauté absolue et du gouvernement de Louis XIV.

Et d'abord, réforme de la cour : ici Fénelon venait se heurter contre le mal le plus grave, le plus puissant à déraciner, contre cette puissance occulte qui plus tard a paralysé et renversé Turgot, et qui a contribué par ses résistances aveugles à transformer 89 en 93, je veux dire la puissance de la cour. Dès les premières lignes Fénelon touche, sans s'en douter, à une révolution : « Retranchement de toutes les pensions non nécessaires. Exclusion des faveurs inutiles. Modération dans les meubles et dans les habits. Renoncement aux bâtiments. Diminution des appartements. Cessation des doubles emplois. » C'était, on le voit, la guerre à toute la cour. Comment y réussir sans s'appuyer sur le peuple? Dès les premiers pas de la réforme, on voit que c'est une révolution que l'on prépare. Il fallait avoir étudié la

---

1. Voir Œuvres, t. XXII, *Plans de gouvernement*, p. 575.

politique dans *Télémaque* pour croire que de pareilles réformes étaient possibles. Et cependant, c'était cette réforme de la cour qui était la première condition du salut de la monarchie.

Mais c'est surtout au point de vue politique, et pour ce qui concerne l'intervention du pays dans le gouvernement, que l'esprit libéral du plan de Fénelon éclate avec évidence. Il demande en effet que l'on en revienne aux États généraux, à ce qu'il appelle « les États du royaume entier. Il affirme qu'ils seront « paisibles et affectueux comme ceux du Languedoc, de Bretagne », etc. Sans doute la composition de ces États sent encore un peu le moyen âge. L'évêque de chaque diocèse en est membre de droit; mais le député de la noblesse est élu ainsi que celui du tiers état. Il n'est pas question encore de la suppression des ordres; personne n'y songeait alors; mais le point capital, c'est que les élections devaient être libres : « Élections libres; nulle recommandation du roi qui tournerait en ordre ». Les États se réuniraient tous les trois ans dans une ville fixe, et continueraient leurs délibérations aussi longtemps qu'ils le jugeraient nécessaire, ce qui équivalait à la permanence. Ils pourraient étendre leurs recherches sur toutes les matières de justice, de politique, de finances, de guerre, d'alliances et de navigation, d'agriculture et de commerce. En un mot, tout le champ de la politique leur était ouvert. Ils avaient autorité « pour punir les seigneurs violents ».

La distinction des puissances temporelle et spirituelle était faite avec une juste réciprocité. Fénelon approuve les libertés gallicanes dans le passé; mais dans le présent il n'y voit qu'une extension du despotisme royal : « Rome a usé autrefois d'un pouvoir fort arbitraire; mais ses entreprises sont fort diminuées. Maintenant ces entreprises viennent de la puissance séculière; libertés à l'égard du pape; servitudes à l'égard du roi. Les laïques dominent les évêques : abus de l'appel comme d'abus; abus de vouloir que les laïques examinent les bulles sur la foi. » Fénelon conçoit un système qui n'est pas loin de ce que nous appellerions aujourd'hui la séparation de l'Église et de l'État. En effet, comme exemple de la situation qu'il désire pour l'Église catholique, il cite l'ancienne Église protestante en France; « elle faisait des pasteurs, assemblait les fidèles, administrait, excommuniait sans l'intervention de la puissance temporelle ». Il rêve pour l'Église catholique la liberté comme en Hollande et en Turquie : « Le Grand Turc laisse les chrétiens libres pour élire et déposer leurs pasteurs. Mettant l'Église en France au même état, on aurait liberté qu'on n'a pas d'élire, disposer, assembler.... Le roi est un laïque. L'Église peut excommunier le prince; le prince peut faire mourir le pasteur. L'Église n'a aucun droit d'établir ou de déposer les rois. »

Sans doute Fénelon n'a pas été jusqu'à la sécularisation de l'État. Il n'exclut point la religion d'État; et même il ne prononce absolument rien sur la liberté de conscience : néanmoins sa politique religieuse, comme sa politique laïque, est une sorte de pressentiment de l'avenir. Comme dans tout le reste de ses écrits, il y a là un esprit d'indépendance et de réforme, un sentiment de liberté, une part faite à l'individualité, au moins à l'existence des corps, à la souveraineté de la nation, et à son intervention dans l'État. Même son économie politique a quelque chose de libéral : « La France est assez riche, si elle vend bien son blé, huiles, vins, toiles, etc. Ce qu'elle achètera des Anglais et des Hollandais, sont épiceries et curiosités nullement comparables. *Laissez liberté.* » Le tout cependant est un peu gâté par les souvenirs de *Télémaque* : « Lois somptuaires pour chaque condition, on ruine les nobles pour enrichir les marchands; on corrompt par le luxe la nation dans ses mœurs, luxe plus pernicieux que le profit des modes n'est utile ».

Dans tous ces projets il y a sans doute de quoi justifier dans une certaine mesure le mot de Louis XIV, qui disait que Fénelon était « le plus bel esprit et le plus chimérique de son royaume ». Oui, cela est vrai; mais en même temps il faut dire : le plus noble, le plus éclairé, le plus près de nous par ses tendances vers le mieux, par le pressentiment du progrès, tout en appartenant encore à la société du passé par quelques-uns de ses préjugés.

En même temps que Fénelon avait un sentiment vif des droits du peuple, il a eu également un sentiment non moins vif des devoirs des rois. Il les a exposés d'une manière remarquable dans son *Examen de conscience des devoirs de la royauté*[1]. Ici, il ne s'agit plus de cette morale banale et monotone du *Télémaque* qui semble plutôt faite pour des enfants que pour des hommes. C'est une vraie morale politique concrète; ce sont des conseils pressants, précis, avec force allusions hardies à Louis XIV, qui devaient être reçus en secret par le duc de Bourgogne : car qu'eût dit le Grand Roi de cette morale intempestive?

Dans Xénophon, nous voyons Socrate endoctriner un jeune ambitieux, Glaucon, qui prétendait s'attacher aux affaires publiques sans rien savoir des intérêts réels et des données politiques d'un État. Socrate, avec son ironie cruelle, lui fait sentir son incapacité et son impuissance : « Connaissez-vous, lui dit Socrate, le nombre de soldats en état de porter les armes, les places fortes et les arsenaux, les revenus et les impôts, les lois et les tribunaux? » etc.; et à chacune de ces questions, Glaucon est obligé de répondre qu'il n'a pas encore eu le temps de s'en occuper. C'est par une interrogation du même genre que Fénelon s'adresse au duc de Bourgogne. Il lui rappelle les nombreuses obligations d'un chef de peuple et les innombrables connaissances que ces fonctions exigent : « Avez-vous travaillé, lui dit-il, à vous instruire des lois, cou-

---

1. *Œuvres*, t. XXII, p. 255; cet ouvrage avait été publié antérieurement sous le titre de *Direction pour la conscience d'un roi*. C'est le titre sous lequel il est le plus connu.

tumes et usages du royaume ? Le roi est le souverain juge ; or bien juger, c'est juger suivant les lois. Il faut les savoir. Les savez-vous et êtes-vous en état de redresser les juges qui les ignorent ? » Ce n'est pas tout de savoir les lois. Il y a en outre des institutions, même dans une monarchie absolue. « Avez-vous étudié la vraie force du gouvernement de votre pays ? Avez-vous cherché à connaître quelles sont les bornes de votre autorité ? Savez-vous par quelles formes le royaume s'est gouverné sous les différentes races ? Ce que c'étaient que les anciens parlements et les états généraux qui leur ont succédé ? » On le voit, Fénelon a toujours devant les yeux la préoccupation des institutions nationales qui limitaient originairement le pouvoir royal et il en rappelle le souvenir au jeune héritier du royaume. Il lui demande encore de chercher à savoir « ce que c'est que l'anarchie, ce que c'est que le pouvoir arbitraire, et ce que c'est que la royauté réglée par les lois, milieu entre les deux ». Puis viennent des informations plus positives, analogues à celles dont parlait Socrate à Glaucon : le nombre des hommes qui composent la nation, celui des femmes, des laboureurs, des artisans, des commerçants, des prêtres, des nobles, des militaires ; le naturel des habitants, leurs usages, leurs franchises, leurs commerces, et les lois de leur trafic, les tribunaux, les droits des charges et leurs abus.

On s'attend à ce que Fénelon se montre sévère pour la guerre. C'est le fond de sa politique : « Il n'y a point de guerre, dit-il, qui, même heureusement terminée, ne fasse plus de mal que de bien à un État : on n'a qu'à considérer combien elle ruine de familles, combien elle fait périr d'hommes, combien elle ravage et dépeuple tous les pays, combien elle autorise la licence. » Ce n'est pas tout d'éviter la guerre : il faut encore, quand on a été forcé de la faire, être fidèle aux conventions par lesquelles on l'a terminée : « Avez-vous été fidèle à tenir votre parole ? Il y a les lois de la guerre qu'il ne faut pas garder moins fidèlement que celles de la paix. Il y a un droit des gens qui est le fond de l'humanité même, c'est un lien sacré et inviolable entre les peuples. Avez-vous exécuté ponctuellement les traités de paix ? Ne les avez-vous jamais violés sous de beaux prétextes ? »

Enfin l'ouvrage se termine par d'excellents conseils sur la connaissance des hommes et le choix des ministres, la conduite à tenir à leur égard, l'abus des favoris, etc.; tout cela est d'une expérience avisée, éclairée, justifiée par les exemples de tous les temps, et qui ne serait même pas encore inutile à consulter aujourd'hui sous une forme toute différente de gouvernement.

A l'*Examen de conscience* se rattache de la manière la plus étroite la fameuse *Lettre à Louis XIV*, cette lettre extraordinaire dont on a souvent mis en doute l'authenticité, tant elle est hardie, violente, irrespectueuse envers le roi. On ne pouvait croire que jamais un sujet, un prêtre, un subordonné ait pu parler avec une telle audace. Il est vrai que la lettre était anonyme. L'auteur y dissimulait sa qualité et sa personne, et il affirmait n'être point connu du roi, et de n'avoir rien à en attendre. Malgré ces détours et ces voiles, l'attaque est d'une telle véhémence que l'on a cru longtemps, je le répète, à une lettre apocryphe et fabriquée. Mais tous les doutes, tous les scrupules ont dû s'évanouir devant le fait du manuscrit autographe qui existe encore aujourd'hui. « Ce manuscrit, est-il dit dans la grande édition de Fénelon, le libraire Renouard en a fait l'acquisition le 24 février 1825 à la vente des livres de feu M. Gentil, et il en a publié aussitôt une édition très soignée avec un fac-similé de la première page [1]. »

Ainsi l'authenticité est hors de doute, mais d'autres questions ont été soulevées. La lettre en question a-t-elle été remise à Louis XIV? L'a-t-elle été sous la forme de la lettre que nous possédons en manuscrit? Le marquis de Fénelon, le neveu de l'archevêque, croit pouvoir l'affirmer. Suivant lui, « cette lettre fut remise au roi par le duc de Beauvillier, et le roi, loin de s'en offenser, choisit quelque temps après Fénelon pour précepteur de ses petits-enfants ». Mais il y a là un anachronisme inadmissible : c'est en 1689 que Fénelon fut nommé précepteur, et la lettre porte en elle-même des preuves évidentes qui témoignent qu'elle est postérieure au moins à 1691. De plus comment admettre que le duc

---

1. Œuvres de Fénelon, *Correspondance*, t. II, p. 329.

de Beauvillier ait été chargé de remettre lui-même une lettre où il était traité très durement, et où il était dit que « sa faiblesse et sa timidité le déshonorait et scandalisait le monde ». Par la même raison, on ne peut croire que Mme de Maintenon ait eu cette lettre entre les mains, puisqu'elle était réunie dans les mêmes phrases avec le duc de Beauvillier, comme « se déshonorant et scandalisant le monde » par sa lâcheté. Et cependant de quelle autre lettre pouvait-il être question, lorsqu'elle écrivait à l'archevêque de Paris (21 décembre 1691) : « Voici une lettre qu'on lui a écrite [1] (au Roi) il y a deux ou trois ans. Elle est bien faite; mais de telles vérités ne peuvent le ramener ; elles l'irritent en le décourageant. Ne connaissez-vous point le style? » Il est difficile que ces paroles puissent faire allusion à une autre lettre qu'à celle de Fénelon; et cependant la difficulté soulevée plus haut subsiste toujours. La conclusion que l'on a tirée généralement de ces faits, c'est que l'original que nous possédons est un brouillon que Fénelon a modifié, dont il aurait retranché tout ce qui concernait Mme de Maintenon et le duc de Beauvillier. Avec tout cela et même modifiée, nous avons peine à croire que cette lettre ait été remise au roi, et les raisons données par Mme de Maintenon suffisent à expliquer que l'on se soit abstenu.

1. Mme de Maintenon dit bien : « Voici une lettre qu'on lui a écrite »; mais il ne semble pas résulter évidemment de ces paroles que la lettre ait été reçue. De plus, Mme de

Quoi qu'il en soit, voici les principaux passages de cette lettre que l'on appellerait un pamphlet si elle n'était directement adressée à la personne du roi, et sous les apparences « du zèle, de la fidélité et de l'attendrissement ».

Ce que Fénelon fait surtout ressortir, et ce qui était bien, nous l'avons vu, le fond de sa pensée, c'est que la royauté de Louis XIV avait tourné au despotisme et au pouvoir absolu : « Tous vos ministres, dit-il, ont renversé toutes les anciennes maximes de l'État pour faire monter jusqu'au comble votre autorité. On n'a plus parlé de l'État, ni des règles : on n'a parlé que du roi et de son bon plaisir; on vous a élevé jusqu'au ciel. » Mais ce pouvoir absolu n'est qu'une apparence; la réalité du pouvoir est tout entière entre les mains des ministres : « Vous avez cru gouverner, parce que vous avez réglé les limites entre ceux qui gouvernaient. Ils ont été durs, hautains, injustes, violents, de mauvaise foi. »

Ce que Fénelon reproche le plus sévèrement au roi, c'est l'abus de la guerre; il voit l'origine de tous les maux du royaume dans la guerre de Hollande : « On fit entreprendre à Votre Majesté la guerre de Hollande pour votre gloire et pour punir les Hollandais qui avaient fait quelques railleries.... Cette guerre n'a eu pour fondement qu'un motif de

---

Maintenon dit que la lettre a été écrite il y a deux ou trois ans, ce qui nous ramène à la date donnée plus haut par le marquis de Fénelon, c'est-à-dire vers 1688. Mais alors comment la lettre contient-elle des allusions postérieures ?

gloire ou de vengeance, ce qui ne peut rendre une guerre juste. »

Quelles ont été les conséquences de cette politique pour l'intérieur du royaume ? Fénelon fait de l'état de la France à cette époque (1694) un tableau effroyable : « Vos peuples meurent de faim; la culture des terres est presque abandonnée, tous les métiers languissent, tout commerce est anéanti. La France n'est qu'un grand hôpital. Les magistrats sont avilis et épuisés.... C'est vous-même qui vous êtes attiré tous ces embarras; car, tout le royaume ayant été ruiné, vous avez tout entre vos mains; et personne ne peut plus vivre que de vos dons. » Bien plus, le peuple perdait sa foi et sa fidélité. On se croirait à la veille de la révolution lorsqu'on entend Fénelon s'exprimer ainsi : « Le peuple qui vous a tant aimé, commence à perdre l'amitié et la confiance, et même le respect. Vos victoires ne le réjouissent plus; il est plein d'aigreur et de désespoir. La sédition s'allume peu à peu de toutes parts. »

Comment enfin Fénelon a-t-il pu faire entendre à Louis XIV, si fier de sa dévotion, des paroles comme celles-ci : « Vous n'aimez point Dieu; vous ne le craignez même que d'une crainte d'esclave. C'est l'enfer que vous craignez. Votre religion ne consiste qu'en superstitions, en petites pratiques superficielles. Vous rapportez tout à vous comme si vous étiez le Dieu de la terre. » Voilà de bien cruelles paroles : était-il sage, était-il humain de parler au roi en termes si amers et si violents? On ne s'étonne point que Mme de Maintenon ait trouvé la lettre trop dure : même fort adoucie, comme on doit le supposer, peut-être l'était-elle encore. Quoi qu'il en soit, l'homme qui écrivait ainsi voyait les choses comme on les vit à la fin du règne et à la fin du siècle suivant. Il devançait la terrible leçon que l'histoire allait donner aux rois. Peut-être de telles vérités (dures ou non) entendues à temps eussent-elles pu conjurer la destinée. Ce qu'on ne peut nier, c'est que Fénelon avait vu plus tôt que personne le mal du despotisme qui minait la monarchie, qu'il était un de ceux que l'éclat du grand règne n'avait pas étourdis. Une telle clairvoyance à la cour même, et au milieu du plus grand éblouissement, n'était pas d'une âme médiocre.

Pour être tout à fait complet sur la politique de Fénelon, il faudrait pouvoir le suivre sur le terrain pratique, c'est-à-dire dans ses lettres et ses *Mémoires* sur les affaires de la succession d'Espagne [1]. Dans ces mémoires, il ne s'agit plus de plans généraux, de réformes plus ou moins idéales : il s'agit de faits et d'événements réels et quotidiens, sur lesquels Fénelon donna son avis avec beaucoup de précision et de fermeté. Il se montre ici non plus un politique chimérique, comme dans la peinture de Salente, mais un politique pratique, trop pratique même; car dans les moments désespérés il veut la paix

---

1. T. XXII, p. 467.

quand même, la paix à tout prix. C'est Louis XIV qui a été alors le chimérique, et c'est lui qui a eu raison. Il a sauvé la France, sans la laisser humilier. Néanmoins le Mémoire au duc de Beauvillier, en 1701, *Sur les moyens de prévenir la guerre* (Œuvres, t. XXII, p. 467), est d'une politique sage, habile et bien informée.

CHAPITRE IX

FÉNELON PHILOSOPHE

On sait en général que Fénelon s'est occupé de philosophie ; on sait qu'il a écrit un *Traité de l'Existence de Dieu*, dont on connaît surtout les pages littéraires. Mais on ne sait pas qu'il a été un des penseurs les plus subtils et les plus hardis de notre littérature philosophique ; sa métaphysique, dans ses hauteurs, par exemple dans la seconde partie de l'*Existence de Dieu*, va se rejoindre aux subtilités et aux sublimités de sa théologie.

Les ouvrages de Fénelon en philosophie sont au nombre de trois : 1° *Réfutation du traité du P. Malebranche sur la nature et la grâce*[1] ; 2° le *Traité de l'Existence de Dieu* ; 3° *Lettres sur divers sujets de religion et de métaphysique*. Ce dernier ouvrage

---

1. Publié pour la première fois dans la grande édition de 1827 (t. I).

présentant moins d'intérêt, nous le laisserons de côté; nous négligerons également le premier comme trop technique, et intéressant plus l'école que la littérature; et nous insisterons surtout sur le *Traité de l'Existence de Dieu*.

Ce traité n'est plus un ouvrage de controverse; c'est un traité dogmatique qui contient toute une métaphysique. Il se compose de deux parties, qui sont, en réalité, deux ouvrages différents. La première, composée dans la jeunesse de Fénelon, selon le témoignage de Ramsay, est une œuvre d'un caractère essentiellement populaire et de forme littéraire, sauf à la fin. La seconde est un véritable traité de métaphysique, de la plus haute portée. L'auteur y adopte hardiment, en la poussant jusqu'au bout, la méthode du doute méthodique; il n'expose que les preuves métaphysiques de l'existence de Dieu, et s'élève aux doctrines les plus abstruses et les plus profondes. De ces deux parties de l'ouvrage, une seule a été publiée du vivant de Fénelon, en 1712, mais sans sa participation. C'est seulement en 1718 que les deux parties ont été réunies en un seul ouvrage par les soins de Ramsay et du marquis de Fénelon. Cette édition était très inexacte, soit par la négligence, soit par les scrupules des éditeurs, qui ont quelque peu opéré sur Fénelon comme Port-Royal sur Pascal.

La première partie de l'*Existence de Dieu* est la plus connue; elle est restée longtemps dans les classes comme ouvrage de fond. C'est un écrit éloquent, d'une langue abondante et magnifique, dans lequel Fénelon s'est inspiré des anciens et, en développant le célèbre argument dit des *causes finales* et, dans une langue plus moderne, des merveilles de la nature. Fénelon a surtout imité le *De Natura deorum* de Cicéron, ouvrage dans lequel celui-ci exposait la doctrine des stoïciens, qui, sans avoir inventé l'argument des causes finales, lequel remonte jusqu'à Socrate, lui ont donné le plus large développement. Cet argument se compose, comme on dit en logique, d'une majeure et d'une mineure. La majeure consiste à dire que « tout ce qui montre de l'ordre et un art réglé est l'œuvre de l'intelligence ». La mineure, c'est que « la nature, dans toutes ses œuvres, nous montre de l'ordre et de l'art ». La conclusion, c'est que « la nature a une cause intelligente ». C'est le résumé que donne Bossuet de cet argument dans la *Connaissance de Dieu et de soi-même* (chap. IV, 1).

Le premier chapitre de Fénelon, qui est très court, contient l'exposition de la majeure. Cette majeure est une sorte de vérité de sens commun, et elle a été mise en évidence par les anciens à l'aide de comparaisons ingénieuses que Fénelon reproduit, à savoir, par exemple, l'improbabilité, en jetant au hasard les lettres de l'alphabet, de rencontrer le poème de l'*Iliade*, ou même le premier vers de ce poème ; l'impossibilité de faire un tableau en jetant au hasard un pinceau plein de couleur sur la toile ; tout au plus ferait-on ainsi l'écume d'un cheval, comme la légende le rapporte d'Apelle ; la certitude absolue avec laquelle on affirmerait, en rencontrant dans une ile déserte des statues, des monuments, que cette île a été habitée par des hommes, et que ce sont là les œuvres d'une intelligence, etc. ; toutes ces raisons, qui ne sont que des images, rendent sensible cependant l'évidence de l'axiome sur lequel tous tombent d'accord, quand il s'agit des œuvres humaines : pourquoi ne l'appliquerait-on pas à la nature entière ?

Le second chapitre est le plus long de l'ouvrage, car il se compose de tous les faits qui servent à prouver qu'il y a de l'ordre dans la nature. Dans l'exposition de ces faits, Fénelon suit en quelque sorte un ordre ascendant; il va du plus simple au plus composé, du moins parfait au plus parfait. Il commence, selon la méthode suivie au moyen âge dans la Physique, par ce qu'on appelait les éléments : la terre, le feu, l'eau, etc. De là il passe aux astres. Puis, revenant sur la terre, il arrive aux êtres vivants, et en particulier aux animaux, sur lesquels il fait des observations très ingénieuses. Dans la machine de l'animal, il remarque que : 1° cette machine a de quoi se défendre contre ceux qui l'attaquent pour la détruire; 2° elle a de quoi se renouveler par la nourriture; 3° elle a de quoi perpétuer son espèce par la génération. « Que penserait-on d'une montre qui fuirait à propos, qui se replierait, se défendrait et s'échapperait pour se conserver? Quoi de plus beau qu'une machine qui se répare et se renouvelle sans cesse? Que penserait-on d'un horloger s'il savait faire des montres qui d'elles-mêmes en produiraient d'autres à l'infini, en sorte que les deux premières fussent suffisantes pour multiplier l'espèce? »

Des animaux en général, Fénelon passe à l'homme; et il en décrit d'abord les fonctions corporelles, puis les facultés de l'âme. Arrivé là, il monte l'échelle des facultés, et partant des sens et de la mémoire, il arrive jusqu'à la raison et jusqu'aux idées, c'est-à-dire à ces vérités éternelles et universelles qui sont connues de tous les hommes, dans tous les lieux et dans tous les pays, et qui sont comme une émanation de la raison divine.

Ici l'argument change de caractère. Ce n'est plus la preuve physique des causes finales : c'est l'argument métaphysique et platonicien tiré des idées. Il y a, dit Fénelon, « deux raisons que je trouve en moi : l'une est moi-même; l'autre est au-dessus de moi; celle qui est moi est très imparfaite, fautive, incertaine, prévenue, précipitée, changeante, opiniâtre; enfin elle ne possède jamais rien que d'emprunt; l'autre est commune à tous les hommes, parfaite, éternelle, immuable, toujours prête à se communiquer et à redresser les esprits, incapable d'être jamais ni épuisée, ni partagée. Où est cette raison parfaite qui est si près de moi, si différente de moi? Il faut qu'elle soit quelque chose de réel. Où est-elle cette raison suprême? *N'est-elle pas le Dieu que je cherche?* »

Ces dernières pages de la première partie annoncent déjà les pensées de la seconde; elles en ont le même mérite, à savoir l'éloquence brillante et sublime, dans l'abstraction. Fénelon, dans cet ordre d'idées, égale Malebranche par le style, peut-être encore avec plus d'élan et d'enthousiasme.

Quant au long développement sur les merveilles de la nature qui remplit le second chapitre de cette première partie, c'est une belle imitation des anciens, mais peut-être pas tout à fait digne de la science moderne. Fénelon n'avait pas étudié les sciences; et il est impossible de parler avec fruit de l'ordre de l'univers sans quelque connaissance scientifique. Aussi l'a-t-on quelquefois trouvé en défaut. Par exemple, lorsqu'il nous dit : « Qui a suspendu ce globe de la terre qui est *immobile*? » C'était par trop ignorer la grande découverte de Copernic et de Galilée. Il ne craint pas de dire que « le soleil circule autour de nous tout exprès pour nous servir ». Il montre que la lune est faite pour nous éclairer; mais pourtant elle ne nous éclaire que pendant un quart de mois, et le reste du temps elle nous laisse dans l'obscurité; et les astronomes se sont chargés de nous dire ce qu'il aurait fallu que Dieu fît pour que la lune accomplît les fonctions qu'on lui attribue à tort. Fénelon s'objecte à lui-même que tout cela est réglé par des lois immuables. Il répond : « Je suppose le fait ». Était-il permis à la fin du XVIIe siècle, après Kepler, Galilée, Descartes et Newton, de donner comme une simple supposition et une concession, qu'il y a des lois dans la nature? Fénelon, en outre, fait abus des causes finales, et principalement cet abus que Descartes avait déjà condamné, de rapporter tout à l'homme comme au but exclusif de la nature. Il remarque, par exemple, que l'Océan a été fait pour faire communiquer les divers continents ; mais s'il n'y avait pas d'Océan, les continents communiqueraient naturellement, puisqu'il n'y en aurait plus qu'un ; oui, dit-il, mais avec des fatigues incroyables : sans doute, mais l'Océan est-il moins dangereux ?

En un mot, cette partie de l'ouvrage est d'un esprit trop peu exact, trop peu familiarisé avec les précisions scientifiques. Que l'on compare sous ce rapport l'ouvrage de Fénelon avec celui de Bossuet sur la *Connaissance de Dieu et de soi-même*. Bossuet, lui aussi, a touché aux questions scientifiques, au moins d'anatomie et de physiologie ; mais pour en parler avec compétence et connaissance de cause, il avait suivi tout un hiver les conférences de Sténon, célèbre anatomiste du temps. Aussi le chapitre qui traite du corps, dans l'ouvrage de Bossuet, est-il, quoique élémentaire, un résumé exact et précis de la science de son temps [1].

Nous passerons, dans l'analyse de la seconde partie de l'*Existence de Dieu*, sur tout ce qui n'est que la reproduction de la méthode et des doctrines cartésiennes. Fénelon suit Descartes pas à pas, avec

---

1. Pour être tout à fait exact, nous devons dire que notre savant naturaliste M. Georges Pouchet nous affirme que le passage de Fénelon sur la nutrition (*Œuvres*, t. I, p. 38) est tout à fait au niveau de la science actuelle, et même avance sur Bossuet.

plus de subtilité et moins de force. C'est le doute méthodique, le *Je pense, donc je suis*, le principe de l'évidence, la preuve de l'existence de Dieu tirée de l'imperfection de l'être humain, de l'idée que nous avons de l'infini, de l'idée de l'Être nécessaire. Enfin vient la preuve non cartésienne, mais platonicienne tirée de la nature des idées, preuve par laquelle se terminait déjà la première partie. Nous laisserons de côté ces doctrines pour mettre en lumière celles par lesquelles Fénelon se rattache, non à Descartes, ni même à Platon, mais au néoplatonisme d'Alexandrie. C'est évidemment à cette source qu'il faut rapporter sa doctrine sur l'unité absolue de Dieu : ses vues sur cette question sont très originales, et même isolées en quelque sorte dans la philosophie française.

Pour Fénelon, comme pour Descartes, Dieu est l'être infiniment parfait. Mais si l'on dit *Être*, est-il nécessaire d'ajouter *parfait* ou même d'ajouter *infini?* Il est l'être par excellence, l'être en soi, l'être en un mot, « sans rien ajouter ». Il est donc parfaitement un : un vaut mieux que plusieurs. Il est un, simple, sans composition, sans division, sans nombre, sans succession. C'est la parfaite unité, équivalente à la parfaite multitude, ou qui la passe infiniment. Étant le premier être, « il doit être conçu comme étant tout, non comme *plures*, mais comme *plus omnibus*. Il a en vertu et en perfection, c'est-à-dire « intensivement », ce qu'il ne peut avoir en multiplication et en étendue, c'est-à-dire « extensivement ».

Pour tous les êtres sans exception on peut dire qu'ils sont ceci ou cela. On ne peut le dire de l'être infini. Être une certaine chose précise, c'est n'être que cette chose en particulier. Quand j'ai dit de l'être infini qu'il est l'être simplement, sans rien ajouter, j'ai tout dit. Sa différence est de n'en point avoir. Le mot d'infini ne lui donne rien d'effectif : c'est un terme presque superflu.

Dieu ne pouvant être défini d'une manière précise sans le resserrer dans de certaines bornes, « il n'est pas plus esprit que corps, ni plus corps qu'esprit. Il est ce qu'il y a de réel et de positif dans les corps et dans les esprits », tout ce qu'il y a de réel et de positif dans les essences de toutes les créatures possibles. Otez toutes bornes, toutes différences, vous demeurez dans l'universalité de l'être. Quand Moïse parle de Dieu, il ne dit pas : Celui qui est esprit; il dit : Celui qui est. Celui qui est esprit n'est qu'esprit; celui qui est, est tout être.

On comprend par là qu'il n'y ait pas plusieurs infinis. Qui dit *plusieurs* dit une augmentation de notre être. Plusieurs infinis seraient infiniment moins qu'un. Ce qui est composé consiste en des parties dont l'une n'est pas l'autre. Tout composé est donc un nombre qui ne peut jamais faire la suprême unité qui est le seul véritable infini : « en multipliant l'unité, on la diminue ».

Comment de cette unité suprême a pu sortir la création? Quelles sont les idées d'après lesquelles

Dieu a créé le monde? Quels sont les exemplaires éternels que, suivant Platon et son école, Dieu aurait contemplés en créant? Fénelon répond comme il suit, à cette question :

Dieu, étant la perfection absolue, contient en soi dans son essence « une infinité de degrés de perfection : ce sont ces degrés de perfection qui sont la règle et le modèle d'une infinité de créatures possibles ».

Comment peut-il y avoir des degrés dans l'être infini et absolument parfait? Ce sont des manières de parler : « L'homme fini et grossier bégaie toujours quand il parle de l'être infini ». En réalité « ces degrés n'ont rien de distingué entre eux. Ils sont indivisibles; mais ce qui est indivisible en Dieu se divise dans les créatures. Le caractère essentiel de l'être infini étant de produire l'être, l'être produit, étant essentiellement fini, est par lui-même susceptible de degrés ». « L'être qui est infiniment, voit en montant jusqu'à l'infini tous les degrés auxquels il peut communiquer l'être. Chaque degré de communication possible constitue une essence possible qui répond à un degré d'être qui est en Dieu indivisible avec tous les autres. Voilà la source des vrais universaux, des genres et des espèces : voilà les modèles immuables des ouvrages de Dieu. »

Reste à expliquer l'individu. Ici, Fénelon échoue, comme tous les philosophes. Il est obligé de confondre l'individualité avec ce qu'il appelle « l'existence actuelle ». — « L'existence actuelle, dit-il, est précisément ce qui distingue une chose d'une autre. L'existence actuelle de mon voisin n'est pas la mienne : l'une est entièrement indépendante de l'autre. Il peut cesser d'être sans que mon existence soit en péril. Cette indépendance montre la véritable distinction; et c'est la véritable différence individuelle. » Il ne nous semble pas que cette doctrine éclaircisse beaucoup la notion d'individu : car si un individu n'est pas déjà distinct par lui-même, son existence actuelle est absolument identique à l'existence actuelle d'un autre individu. Il faut donc en revenir à prendre l'individu comme un fait sans autre explication.

Maintenant comment concilier avec la simplicité absolue de Dieu la multiplicité des attributs divins? De même que notre esprit croit apercevoir des degrés dans l'unité absolue de la perfection divine, de même il croit y apercevoir des perfections diverses et multiples là où il n'y a qu'une seule et absolue indivisibilité : « Je me représente cet être unique par diverses faces, pour ainsi dire par les divers rapports qu'il a à ses ouvrages. C'est ce qu'on nomme perfections ou attributs. Je donne à la même chose divers noms suivant ses rapports extérieurs; mais je ne prétends pas par ces divers noms exprimer des choses réellement diverses. Dieu est infiniment intelligent, infiniment puissant, infiniment bon; mais son intelligence, sa bonté, sa puissance ne sont qu'une seule et même chose. Ce qui pense en lui est la même chose que ce qui veut; ce qui agit, ce qui peut et fait tout, est précisément la même chose que ce qui pense et ce qui veut; ce qui conserve est la même chose que ce qui détruit; ce qui punit est la même chose que ce qui pardonne. En un mot, en lui tout est un, d'une parfaite unité. Cette distinction des perfections divines que j'admets en considérant Dieu n'est donc rien de vrai en lui; mais c'est un ordre et une méthode que je mets par nécessité dans les opérations successives et bornées de mon esprit pour en faire des espèces d'entrepôts et pour contempler l'infini à diverses reprises, en le regardant par rapport aux diverses choses qu'il fait hors de lui. »

On se demande comment une doctrine aussi hardie peut se concilier avec le dogme chrétien de la Trinité, comment la pluralité des personnes divines peut s'entendre dans un être absolument un, d'une suprême unité. Dira-t-on que c'est l'esprit humain qui distingue les personnes divines pour proportionner la nature divine à la nature humaine? N'est-ce pas détruire la réalité des personnes divines considérées en elles-mêmes, et par conséquent n'est-ce pas dessécher le christianisme à sa source? Dira-t-on que c'est une question de foi et que la philosophie n'a rien à y voir? Toujours est-il que la Trinité introduit en Dieu la multiplicité et qu'il ne peut plus être question d'unité absolue. La foi nous révèlerait donc un Dieu dans lequel la pluralité reparaît, quoique l'idée d'une absolue perfection semble exclure toute pluralité.

Nous ne savons si Fénelon a aperçu ces difficultés, et comment il a pu les résoudre pour lui-même. Toujours est-il que nous voyons sa doctrine, en métaphysique aussi bien qu'en théologie, côtoyer l'hérésie, quelle que fût d'ailleurs sa volonté sincère de n'y pas toucher.

Quoi qu'il en soit, avec quelle éloquence merveilleuse et sublime ne parle-t-il pas de cette suprême et inaccessible unité ?

« O multiplicité créée, que tu es pauvre dans ton abondance apparente ! Tout nombre est bientôt épuisé. Il n'y a que l'unité : elle seule est tout, et après elle il n'y a plus rien. La composition n'est qu'une image trompeuse de l'être. C'est un je ne sais quoi qui fond dans mes mains dès que je le presse. O Dieu ! il n'y a que vous ! moi-même, je ne suis point ! O qui me tirera des nombres, des compositions et des successions qui sentent si fort le néant ?... Ce sont des nombres magnifiques qui semblent promettre les unités qui les composent ; mais ces unités ne se trouveront point. Les nombres successifs s'enfuient toujours : celui dont nous parlons n'est déjà plus ; le chercher, c'est l'avoir perdu. L'autre qui vient n'est pas encore. C'est pourtant cette multitude de néants que j'appelle moi ; elle contemple l'être ; elle le divise pour le contempler, et en le divisant, elle confesse que la multitude ne peut contempler l'unité indivisible. »

CHAPITRE X

FÉNELON CRITIQUE LITTÉRAIRE

Dans la critique littéraire, Fénelon est un maître de premier ordre. Une imagination aimable et riante; le goût vif du pur, du délicat, du naturel, du libre et du familier, un sens exquis de l'antiquité, une ouverture d'esprit supérieure vers des horizons nouveaux, tout cela témoignage d'un génie inné pour la critique. Boileau a sans doute un goût sûr et élevé; mais il est bien austère et un peu sec. Voltaire a bien de l'esprit, mais la grandeur le surpasse; Corneille et Pascal l'étonnent et le scandalisent; La Harpe est instruit, sérieux, pénétrant, mais il est long et ennuyeux; Vauvenargues seul a quelque analogie avec Fénelon, et il est de la même famille; mais il est un peu court. Fénelon apporte à la critique une grâce, une fraîcheur, une naïveté qui est presque de la poésie. Avec lui, les citations mêmes témoignent du tour heureux de l'imagination et d'un esprit de choix et de finesse qu'on ne trouverait point ailleurs.

Tout ce que nous venons de dire est surtout vrai de la *Lettre à l'Académie française*. Les *Dialogues sur l'éloquence* ont moins d'agrément et quelquefois même manquent de justesse. Nous insisterons surtout sur le premier de ces deux ouvrages.

Dans la *Lettre à l'Académie*, Fénelon se montre à nous, ainsi que dans l'*Éducation des filles*, comme un libéral et aussi un peu, en même temps, comme un politique. Il est politique, par exemple, dans la fameuse querelle des anciens et des modernes, où il plaide à la fois le pour et le contre avec tant d'impartialité qu'il est difficile de dire de quel parti il est, quoique au fond son cœur soit pour les anciens. Peut-être n'était-ce pas là de la politique, mais le partage sincère de son esprit. Fénelon est à la fois un antique et un novateur; il aime passionnément l'antiquité, et il a en même temps le goût des nouveautés. Il croit que la poésie française, l'éloquence, l'histoire peuvent faire des progrès et il ne voudrait pas les décourager par une admiration immobile et superstitieuse des anciens. Son christianisme en outre se refuse à renfermer son idéal dans l'antiquité, si inférieure en morale et en religion. De là, à part toute politique, cette indécision et ce balancement d'opinion si éclectique que l'on remarque dans le dernier chapitre de la lettre à l'Académie. Dans le corps de l'ouvrage au contraire, on voit Fénelon mettre sans cesse en opposition le goût antique et le goût moderne, et donner hautement la préférence au premier.

Reprenons cependant l'ouvrage par le commencement. Il traite d'abord de la question du vocabulaire et de la grammaire, et ne se montre point partisan sans réserve de la réforme de Malherbe :

« Il me semble, dit-il, qu'on a gêné et appauvri la langue depuis environ cent ans, en voulant la purifier. Il est vrai qu'elle était encore un peu informe et trop verbeuse; mais le vieux langage se fait regretter dans Marot, dans Amyot, dans le cardinal d'Ossat, dans les ouvrages les plus enjoués et les plus sérieux. Il avait je ne sais quoi de court, de naïf, de hardi, de vif et de passionné. » Fénelon n'a pas nommé Rabelais et Montaigne; nul doute qu'il n'ait pensé à ces auteurs. Fénelon sent donc très bien ce qu'a fait disparaître la langue un peu solennelle du XVIIe siècle; mais il paraît croire trop facilement que l'on peut perfectionner une langue à volonté. C'est ainsi qu'il propose soit de faire des mots composés à la manière des Grecs et des Romains, en oubliant que la tentative de Ronsard en ce genre avait ridiculement échoué, soit d'emprunter des mots aux langues étrangères, ce qui ne peut guère se faire que pour des usages techniques. Il craint, à la vérité, l'excès et l'abus; aussi croit-il devoir confier ce travail délicat de néologie non au vulgaire, mais « aux personnes de goût ». Or c'est précisément le vulgaire qui fait les langues; et si l'Académie française peut avoir quelquefois l'autorité suffisante pour interdire l'usage de certains mots, elle n'aura jamais assez de pouvoir pour en introduire elle-même de nouveaux. Seulement, ce qui appartient aux grands écrivains, c'est l'emploi des mots connus; c'est l'art « de joindre des termes qu'on n'a pas coutume de mettre ensemble ».

Pour ce qui est de l'éloquence, Fénelon résume rapidement ce qu'il développe ailleurs dans ses *Dialogues sur l'éloquence*. Nous y reviendrons. Passons à ses vues sur la poésie. Il est sévère pour la poésie française et en voit clairement les imperfections. La rime en particulier lui paraît une exigence plus nuisible qu'utile. Elle force à allonger le discours et « à faire deux ou trois vers pastiches pour en amener un dont il a besoin ». Il dirait volontiers, comme notre Musset :

> Non, je ne connais pas de métier plus honteux,
> Plus sot, plus dégradant pour la cervelle humaine,
> Que d'écrire trois mots quand il n'en faut que deux.

Au lieu de pousser, comme les Parnassiens de nos jours, à la rime riche, il demande, au contraire, plus de liberté. Il se plaint de la monotonie de la répétition des syllabes finales qui rend si ennuyeuse la poésie héroïque, et il préfère « les rimes entrecroisées dont M. de La Fontaine a fait un si bon usage ». Il recommande encore l'usage des inversions; moins sévère que Boileau pour la poésie de Ronsard, il ne le blâme pas d'avoir essayé d'enrichir la langue poétique, mais seulement d'avoir tenté trop de choses à la fois, et de n'avoir pas assez consulté le goût et le génie de la nation.

Ce qu'il reproche aussi à notre poésie (et ici c'est le goût de l'antiquité qui l'inspire), c'est la recherche de l'esprit. Il recommande les grâces naïves, les beautés simples et négligées : point d'éclairs, mais une lumière douce, un sublime familier et naturel. Les anciens ne craignaient point de nous peindre un berger avec son troupeau, une nourrice avec un petit enfant. Titien peint des chevriers, Teniers des fêtes rustiques. Le bon Eumée est plus touchant que Clélie. Voyez dans Virgile la peinture touchante d'un jeune homme qui se meurt, Nisus et Euryale, la perte d'Eurydice, la peste des animaux, et dans Homère, Priam aux pieds d'Achille. La vraie grandeur consiste à se proportionner à ce qu'on peint. « Ce n'est pas le difficile et le rare que je cherche, c'est le beau, simple, aimable et commode. » En un mot, ce que Fénelon aime en poésie, c'est son propre génie. Il rêve un idéal, dont quelques traits du *Télémaque* peuvent nous donner l'idée, et qui serait comme un mélange de Racine, de La Fontaine et d'André Chénier.

Voilà ses vues sur la poésie en général, voyons ce qu'il pense en particulier sur la tragédie et la comédie. Ici il faut avouer que sa robe de prêtre le gêne un peu pour goûter toutes les beautés de nos classiques ; mais il n'est pas sans avoir raison lorsqu'il déplore le rôle excessif que joue l'amour dans nos tragédies. C'est la supériorité ou, si l'on veut, l'originalité du théâtre antique d'avoir su trouver le chemin de l'âme sans avoir besoin d'exciter les passions. Chez les Grecs, la tragédie était indépendante de l'amour profane. Quoi de plus ridicule que d'introduire l'amour dans le tragique sujet d'Œdipe, comme a fait Corneille? Fénelon fait même ce reproche à Racine. Il le blâme d'avoir rendu Hippolyte amoureux contre la tradition. « Il fallait laisser Phèdre seule dans sa fureur. L'action eût été unique, courte et rapide. » Oui; mais nous aurions perdu la scène de la jalousie. Malgré ce qu'il peut y avoir de plausible dans quelques-unes de ces critiques, c'est juger nos tragiques bien sévèrement que de dire : « Nos poètes ont rendu les spectacles languissants, fades et doucereux comme les romans. On n'y parle que de feux, de chaînes et de tourments. On y veut mourir en se portant bien. Tous les traits sont outrés, et rien ne montre une vraie passion. » Tout cela est bien dur; Hermione, Roxane et Phèdre sont des réponses victorieuses à ces sévérités. Corneille lui-même, quoiqu'il abuse, en effet, souvent de la langue de la galanterie, a peint la vraie passion dans le *Cid*, et ce n'est pas être juste pour lui que de le juger par l'*Œdipe*. Il prête, à la vérité, le flanc par son goût pour la déclamation, et les premiers vers de *Cinna* prononcés par Émilie sont en effet bien mal écrits; mais Fénelon ne paraît pas assez sensible à ce qu'il y avait de mâle et d'héroïque dans le cœur du vieux poète. C'est aussi Fénelon qui a le premier, à ce qu'il semble, critiqué le fameux récit de Théramène, qu'il trouve déplacé et trop long; mais ceux qui ont entendu ce récit à la scène savent qu'il fait toujours un grand effet et qu'il est même fort touchant. Mais la simplicité grecque est l'idole de Fénelon. Il oppose à ce long discours le désespoir d'Œdipe qui n'est guère, dit-il, qu'un gémissement et un cri. Un peu plus, il arriverait à la théorie de Diderot qui ne laisse plus aucun développement au sentiment et à la passion et remplace tout par des pleurs et des sanglots. On voit néanmoins, malgré ces sévérités pour *Phèdre*, que Fénelon a plus de sympathie pour Racine que pour Corneille. Il nous apprend un fait bien intéressant et qui n'est pas dans la vie de Racine par son fils : c'est que notre grand poète avait eu l'idée, à l'imitation des Grecs, de faire une tragédie sans amour dont l'objet eût été Oreste. Enfin, même la magnifique scène de Cinna et d'Auguste ne trouve point grâce devant les yeux de notre critique. Il y blâme une pompe et une enflure qui n'a rien d'antique, et il lui préfère le récit de Suétone.

En résumé, on peut dire que Fénelon n'a pas assez goûté les beautés de la tragédie française. Il y a du vrai dans ses critiques, et peut-être un goût sévère devra-t-il placer Eschyle et Sophocle au-dessus de Corneille et de Racine. Mais il n'était que juste de dire que les modernes ont surpassé les anciens dans le développement et l'analyse des passions, et que Corneille n'a pas d'égal pour l'originalité et la grandeur. On s'étonne aussi que Fénelon n'ait pas pensé à la tentative de tragédie sacrée qui nous a donné *Esther* et *Athalie*; on voit que ce dernier poème n'était pas encore considéré alors comme le chef-d'œuvre de la tragédie française.

Si Fénelon est sévère pour la tragédie parce qu'il y a trop d'amour, on devine qu'il le sera plus encore pour la comédie, qui dégénère trop souvent en licence. Il déplore les grossièretés d'Aristophane et de Plaute; mais il pardonne à Térence dont le génie aimable et délicat avait tant d'affinité avec le sien. Ce qu'il faut surtout remarquer, c'est le courage qu'a eu Fénelon d'admirer Molière, tout en faisant des réserves que l'on peut encore trouver trop sévères. On devra savoir gré à un prêtre d'avoir ainsi parlé de notre grand comique : « Il faut avouer que Molière est un grand poète comique. Je ne crains pas de dire qu'il a enfoncé plus avant que Térence dans certains caractères; il a embrassé une plus grande variété de sujets; il a peint par des traits forts tout ce que nous voyons de déréglé et de ridicule. Enfin Molière a ouvert un chemin tout nouveau. *Encore une fois, je le trouve grand.* » Évidemment un tel hommage fait à Molière le plus grand honneur; et c'est aussi un honneur pour un prêtre de n'avoir pas craint de parler ainsi. A la vérité, au moment où Fénelon parlait, il y avait quarante ans que Molière était mort. Il était déjà passé à la postérité; et l'on en parlait comme d'un grand homme de l'antiquité. Il n'en fallait pas moins une certaine liberté d'esprit pour voir en lui autre chose qu'un histrion, et pour dire : « Encore une fois, je le trouve grand ».

Quant aux réserves faites par Fénelon, elles sont intéressantes. Il reproche à Molière son style : « En pensant bien, il parle souvent mal »; il emploie « une multitude de métaphores qui approchent du galimatias ». A quoi Fénelon fait-il allusion par ces sévères critiques ? Il nous semble à nous autres que Molière écrit fort bien, et qu'il manie merveilleusement le vers. Boileau lui demandait « où il trouvait la rime ». Fénelon ajoute qu'il aime mieux sa prose que ses vers, et que « l'*Avare* est *moins mal écrit* que les pièces en vers. » S'exprimerait-on autrement sur un mauvais écrivain ? Il y aurait, ce nous semble, à faire une étude sur le style de Molière, vu et jugé du point de vue de Fénelon : c'est sans doute le goût attique de celui-ci qui n'était pas satisfait. Son jugement d'ailleurs prend d'autant plus d'autorité, lorsqu'on le compare à celui de La Bruyère qui disait également : « Il n'a manqué à Molière que d'éviter le jargon et le barbarisme ».

Deux autres reproches plus faciles à comprendre de la part de Fénelon sont faits par lui à Molière. Le premier, c'est l'exagération : « Il a outré les caractères pour plaire au parterre ». En second lieu, il a donné « un tour gracieux au vice et une austérité odieuse et ridicule à la vertu ». Il entendait parler de *Don Juan* et du *Misanthrope*, et ouvrait ainsi la porte à la célèbre attaque de Rousseau. Enfin Fénelon partage avec Boileau le regret que Molière soit quelquefois tombé bien bas et ait imité le comique grossier de la comédie italienne. Il dirait volontiers comme Boileau :

> Dans ce sac ridicule où Scapin s'enveloppe
> Je ne reconnais pas l'auteur du *Misanthrope*.

Il est vrai que ce n'est pas dans la scène du sac de Scapin que l'on retrouvera l'auteur du *Misanthrope*, mais ce n'est pas non plus là qu'il faut le chercher ; et parce qu'on a écrit le *Misanthrope*, est-ce une raison pour ne plus rire ?

L'un des derniers chapitres de la *Lettre à l'Académie* est consacré à l'histoire. C'est là surtout que Fénelon nous montre des intuitions neuves et prophétiques, en signalant à l'avance les progrès que l'art de l'histoire devait faire de notre temps. Il exige d'abord de l'historien l'impartialité : « Il ne doit être d'aucun pays, ni d'aucun temps ». C'est beaucoup demander. Peut-être y a-t-il quelque milieu entre une froide indifférence et une partialité injuste. Sans doute il ne faut pas falsifier l'histoire ; mais les faits étant ce qu'ils sont, sera-t-il interdit d'en parler avec émotion ? La chaleur est-elle interdite à un écrivain qui raconte la gloire de la patrie, et la pitié à celui qui raconte ses malheurs, enfin l'indignation lorsqu'on expose les crimes de l'histoire ? Il n'y a ici qu'à craindre l'excès, et à se tenir dans une juste mesure.

Fénelon demande surtout, et c'est ici qu'il est neuf, que l'on apporte dans l'histoire le sentiment de la vie et de la réalité : « J'aime mieux, dit-il, un historien peu exact qui estropie les noms, mais qui peint naïvement tout le détail comme Froissart, que tous les chroniqueurs de Charlemagne. » Ce goût de Froissart est une rareté au XVIIe siècle, une anticipation du goût moderne pour le moyen âge et pour la couleur. Après la vie et le mouvement, Fénelon recommande l'ordre et la clarté. C'est du talent de la composition chez l'historien que dépend l'intelligence des faits. « L'historien doit embrasser et posséder toute son histoire; il doit la voir tout entière comme d'une seule vue. Il faut en montrer l'unité et tirer pour ainsi dire d'une seule cause tous les événements. » Il doit choisir, sur vingt endroits, celui où un fait sera mieux placé pour répandre la lumière sur tous les autres. Souvent un fait montre par avance et de loin débrouille tout ce qui se prépare; souvent un autre fait sera mieux dans son jour étant mis en arrière. Le style doit être simple et dénué d'ornements; l'histoire n'en sera que plus courte, plus vive et plus gracieuse. Un bel esprit méprise une histoire toute nue; il veut l'habiller, l'orner de broderies et en quelque sorte la friser. Le bon historien au contraire se garde de rien ajouter à cette nudité si noble et si majestueuse ». La plupart des traits qui précèdent, sur l'ordre, la clarté, la simplicité, s'appliquent à merveille à M. Thiers. En voici d'autres qui semblent viser directement Augustin Thierry. Ce que demande Fénelon, c'est ce qu'il appelle « le costume », c'est-à-dire la vérité de la couleur historique. Il veut que l'on respecte en histoire les mœurs et les usages du passé. On ne peindra point Clovis entouré d'une cour polie, galante et magnifique; on ne peindra pas non plus les Français du temps de Henri II avec des perruques et des cravates, non plus que ceux du XVIIe siècle avec des barbes et des fraises.

Une autre nouveauté de Fénelon, c'est l'importance qu'il attache à l'histoire des institutions et des changements dans le gouvernement des nations. Ici ce n'est plus Thierry, c'est Guizot qu'il semble prévoir et faire pressentir lorsque, par exemple, il nous montre l'importance des terres saliques chez les Francs, la différence des comtés bénéficiaires sous Charlemagne et des comtés héréditaires sous ses successeurs; il demande qu'on distingue les Parlements de la seconde race, qui étaient les assemblées de la nation, des Parlements de la troisième, qui sont des institutions judiciaires. « Il faut connaître, ajoute-t-il, l'origine des fiefs, le service des feudataires, l'affranchissement des serfs, l'accroissement des communautés, l'élévation du tiers état, l'introduction des clercs et celle des troupes permanentes. » Ainsi, en quelques traits rapides, Fénelon résume tous les grands faits de notre histoire intérieure, qui ont été de nos jours l'objet d'études si profondes et si nouvelles.

Nous avons laissé de côté l'éloquence, parce que Fénelon s'en est occupé dans un ouvrage à part, les *Dialogues sur l'éloquence*. Cet ouvrage, malgré sa réputation, est loin d'avoir l'intérêt et l'agrément de la *Lettre à l'Académie*. D'abord, la forme du dialogue, il faut le reconnaître, malgré l'exemple qu'a donné Platon, est loin d'être favorable. Elle est longue, froide et monotone ; presque personne n'y a réussi. Les trois personnages de Fénelon, A, B, C, sont des anonymes froids et sans couleur. C ne sert presque à rien ; B est un naïf qui est étonné de tout. En réalité, c'est A qui parle tout seul, et qui serait plus intéressant s'il était réellement seul, et qu'il eût condensé tout ce qu'il a à dire. L'interlocuteur ne sert qu'à faire quelques objections qu'un auteur peut tout aussi bien se faire à lui-même s'il le veut. Le fond de la doctrine, emprunté à Platon, est d'ailleurs très solide. Elle revient à dire qu'il ne faut pas parler pour parler, plaire pour plaire ; mais parler et plaire pour persuader, et persuader la vérité et le bien. C'est le développement du fameux *vir bonus dicendi peritus*. Quant au genre d'éloquence, Fénelon, comme on doit s'y attendre, préfère l'éloquence naturelle et rapide à l'éloquence fleurie et ornementée. Il préfère Démosthène à Isocrate et à Cicéron. Ici la *Lettre à l'Académie* vient commenter d'une manière brillante et heureuse la théorie des *Dialogues*.

C'est surtout à propos de l'éloquence sacrée que les *Dialogues sur l'éloquence* ont de l'intérêt et de l'originalité. Il combat principalement trois défauts : le premier est l'abus des textes ; le second est l'abus des divisions ; le troisième est l'usage d'apprendre par cœur ses discours. Le premier vient du mauvais goût; le second de l'abus de la scolastique; le troisième d'une sorte de paresse qui craint de se mettre en face d'un sujet, et qui aime mieux arriver d'avance tout armé. C'est sur ce dernier point que Fénelon est vif, pressant, persuasif. Il montre la supériorité de la parole vivante, quoique préparée, sur le discours écrit : « Voyez, dit-il, les avantages d'un homme qui n'apprend point par cœur. Il se possède; il parle naturellement, les choses coulent de source, les expressions sont vives et pleines de mouvement, la chaleur même qui l'anime lui fait trouver des expressions et des figures qu'il n'aurait point préparées dans son étude. Ce qu'on trouve dans la chaleur de l'action, est tout autrement sensible et naturel; il a un air négligé et ne sent point l'art. Ajoutez qu'un orateur habile proportionne les choses à l'impression qu'il voit qu'elles font sur l'auditeur; il reprend les choses d'une autre manière; il les revêt d'images. Vous voyez que l'orateur qui parle par cœur est bien éloigné de ce but. »

Tout cela est la justesse même, à la condition toutefois qu'on n'entende pas par là que l'orateur doit tout attendre de l'improvisation. L'improvisation au contraire, toute seule, est en général superficielle et banale. On n'a pas toujours l'âme assez montée pour trouver des expressions brillantes et de chaleureux effets. Ce n'est que la méditation qui fournit des pensées profondes et des expressions originales. Fénelon ne dit donc pas qu'il ne faut pas préparer son discours. Il admet même qu'on prépare d'avance quelques morceaux brillants et quelques images extraordinaires. Le seul point essentiel de sa théorie est que l'orateur ne doit point apprendre par cœur : réciter n'est point parler. L'orateur qui récite devient une sorte d'acteur qui débite le travail d'autrui. Rien n'empêche d'ailleurs, comme faisaient les anciens, d'écrire après coup son discours si l'on veut lui donner toute la perfection de l'art; mais par là même on s'interdit de le prononcer de nouveau.

On peut aussi approuver ce que Fénelon dit de l'abus des divisions; mais il faut entendre par là les divisions trop subtiles et reposant sur des antithèses; autrement la division est dans la nature des choses, et un discours non divisé manquerait d'ordre et de clarté.

Telles sont les principales vues de Fénelon sur l'éloquence : c'est toujours le même esprit, le même goût qu'il porte partout, à savoir le goût du simple, du naturel et du familier. Il n'est pas non plus exempt de l'esprit de chimère, lorsqu'il attribue à l'inspiration du moment une puissance et une fécondité qu'elle n'a pas toujours.

CHAPITRE XI

FÉNELON A CAMBRAI

C'est au mois d'août 1696 que Fénelon fut invité par le roi à se rendre dans la ville de Cambrai, dont il avait été nommé archevêque, pour y attendre le jugement de Rome dans l'affaire des *Maximes*. C'était l'exil; et, depuis ce moment, Fénelon ne reparut point à la cour, et même ne sortit plus de son diocèse. Quelles y furent sa vie, ses habitudes, ses occupations, ses épreuves? C'est ce que nous apprend un aimable écrivain, qui nous permettra d'user avec liberté de son intéressante étude sur ce sujet [1].

Cambrai venait, quelques années auparavant, d'être réuni à la France par le traité de Nimègue. C'était un riche domaine, un palais magnifique.

---

1. *Fénelon à Cambrai*, par Emmanuel de Broglie, 1884.

L'archevêque de Cambrai était donc un vrai grand seigneur. Fénelon sut y organiser sa vie avec grandeur et simplicité.

Le secrétaire de Bossuet, l'abbé Le Dieu, nous a laissé le tableau d'une journée de Fénelon, à laquelle il avait assisté. On croit y être soi-même, tant les détails y sont précis et vivants. « Le prélat était en habits longs, violets, soutane et simarre avec des parements, boutons et boutonnières d'écarlate cramoisie. Il ne portait à la ceinture ni glands ni franges d'or, et il avait à son chapeau un simple cordon de soie verte, des gants blancs aux mains, point de canne ni de manteau. Comme on était déjà venu avertir pour dîner, il se leva et m'invita à venir prendre place à sa table. Tous les convives l'attendaient à la salle à manger. On lava les mains sans façon. Le prélat bénit la table et prit la première place. L'abbé de Chanterac était à sa gauche; chacun se plaça sans distinction; la place de la droite étant vide, il me fit signe de m'y mettre. La table fut servie magnifiquement et délicatement. Plusieurs potages; de bon bœuf et de bon mouton, des entrées et ragoûts de toute sorte, un grand rôti, des perdreaux et gibiers de toute façon, un magnifique fruit, de bon vin rouge, point de bière, le linge propre, le pain très bon, une grande vaisselle d'argent. L'archevêque prit la peine de me servir de sa main ce qu'il y avait de plus délicat; je le remerciai le chapeau à la main; et chaque fois il ne manqua jamais de m'ôter son chapeau. L'entretien fut très aisé, doux et même gai. Le prélat parlait à son tour et laissait à chacun une honnête liberté. Le prélat mangea très peu, et seulement des nourritures douces; il ne but aussi que deux ou trois coups d'un petit vin blanc faible en couleur. Aussi est-il d'une maigreur extrême. Il ne laisse pas que de se bien porter. Je crois que c'est le chagrin qui le ronge. Il a l'air très mortifié. Après le dîner, toute la compagnie alla à la grande chambre à coucher de M. l'archevêque. Il était assis devant la cheminée, environ le milieu de la chambre, ayant près de lui une petite table pour écrire. On apporta du café; il y en eut pour tout le monde. La conversation roula sur les nouvelles du temps. Après le souper, on me fit parler de la mort de M. de Meaux. On me demanda s'il s'était vu mourir, s'il avait reçu les sacrements. Mais le prélat me demanda nommément qui l'avait préparé à la mort. J'ai cru qu'en faisant cette dernière question, il pensait que M. de Meaux avait besoin à la mort d'un bon conseil et d'une personne d'autorité après tant d'affaires importantes et délicates; et dans tous ces entretiens, M. l'archevêque n'a pas dit le moindre mot à la louange de M. de Meaux. » On a épilogué sur ce silence de Fénelon, on y a vu un signe de rancune et d'animosité. Les amis du prélat ont répondu que des louanges eussent été suspectes d'hypocrisie. Il me semble qu'il y aurait eu un milieu entre les deux conduites. Il est probable que Fénelon, malgré tout son esprit, n'a pas trouvé sur-le-champ ce qu'il fallait dire, et qu'il aima mieux se taire que de parler à vide et contre son sentiment.

En même temps que nous avons, par un témoin étranger, la description de la vie extérieure de Fénelon, nous avons par Fénelon lui-même le tableau de sa vie intérieure, de ses faiblesses, de ses troubles, peut-être de ses regrets et de ses craintes. « Je hais le monde, écrit-il, je le méprise; il me flatte néanmoins un peu. Je sens la vieillesse qui avance insensiblement et je m'accoutume à elle sans me détacher de la vie; quand je m'examine, je crois rêver et je me vois comme une image dans un songe; il me semble que je n'ai nulle envie de tâter du monde; je sens comme une barrière entre lui et moi qui m'éloigne de le désirer, et qui ferait, ce me semble, que j'en serais embarrassé s'il fallait un jour le revoir. Il y a en moi un fond d'intérêt propre et de légèreté dont je suis honteux. La moindre chose triste pour moi m'accable, la moindre qui me flatte un peu me relève sans mesure. Rien n'est si humiliant que d'être si tendre pour soi, si dur pour autrui, si poltron à la vue de l'ombre d'une croix, si léger pour secouer tout à la moindre lueur flatteuse. Mais tout est bon. Dieu nous ouvre un étrange livre pour nous instruire quand il nous fait lire dans notre propre cœur. Je suis à moi-même tout un grand diocèse plus accablant que celui du dehors et que je ne saurais réformer. »

La seule distraction de Fénelon était la promenade. C'était pour lui prétexte à conversation avec ses amis, et il y déployait un esprit enchanteur. « Personne, dit Saint-Simon, ne possédait mieux que lui l'heureux talent d'une conversation aisée, légère et toujours décente; son commerce était enchanteur; sa piété facile, égale, n'effarouchait personne; jamais il ne voulait avoir plus d'esprit que ceux auxquels il parlait. »

Voyons-le maintenant dans son administration épiscopale. Aussitôt appelé à l'archevêché de Cambrai en 1694, Fénelon s'était engagé, contre l'usage d'un grand nombre de prélats d'alors, à demeurer chaque année neuf mois dans son diocèse. L'exil ne changea donc point beaucoup ce qu'il s'était promis : ce fut trois mois de séjour de plus et l'absence de la cour. La grande difficulté fut de se concilier les esprits. Cambrai venait à peine d'être réuni à la couronne. Le peuple était flamand et, par la langue, par les mœurs et les habitudes, très opposé à l'esprit français. Toute une partie du diocèse qui spirituellement relevait de Fénelon était restée sous la domination de l'Empire; il fallait donc gouverner un pays étranger et presque ennemi. La difficulté devait être encore plus grande pendant la guerre qui durant plusieurs années mit aux prises la France et l'Empire, et qui fut surtout portée dans les provinces flamandes. On voit quels efforts Fénelon avait à faire pour se concilier toutes les populations. Son merveilleux don de plaire et son ingénieuse dextérité eurent à se montrer sous toutes les formes, et réussirent avec le temps à ramener les esprits. Il exposait ainsi au duc de Beauvillier les heureux effets de sa conduite : « Je travaille doucement et je ménage les esprits pour me mettre à portée de leur être utile ; ils m'aiment assez parce qu'ils me trouvent sans hauteur, tranquille et d'une conduite uniforme. Ils ne m'ont trouvé ni rigoureux, ni intéressé, ni artificieux ; ils se fient assez à moi ; et nos bons Flamands, tout grossiers qu'ils paraissent, sont plus fins que je ne veux être. »

Une grande partie de son temps à Cambrai fut occupée par sa controverse avec les Jansénistes. On s'étonne qu'un théologien qui lui-même venait d'être dénoncé au Saint-Siège comme suspect d'hérésie, et qui avait vu le danger d'une orthodoxie trop étroite, se soit prononcé avec tant d'énergie contre une doctrine qui avait pour elle tant de grands esprits. Il semble même qu'un archevêque condamné par le pape n'avait pas grande autorité pour fixer la part du vrai et du faux dans le conflit que le jansénisme avait soulevé au sein de l'Église. Quelques-uns ont cherché dans la condamnation de Fénelon le motif de sa sévérité contre le jansénisme. Il aurait voulu, a-t-on dit, se faire bienvenir du roi et de l'Église et faire oublier ses propres erreurs. Cela est possible et il était sans doute fâcheux pour un chef de l'Église d'avoir attiré sur lui la censure de la plus haute autorité catholique. Cependant, parce qu'il avait erré, fallait-il qu'il renonçât à son rôle d'archevêque, et qu'il devînt le complice de toutes les erreurs ? Fénelon avait toujours été opposé au jansénisme. Il ne pouvait pas démentir ses propres opinions une fois à la tête d'un diocèse où il était obligatoire pour lui plus que jamais de faire respecter la foi. Fénelon était d'ailleurs amené à cette controverse, non par un zèle purement théorique et doctrinal, mais par la nécessité même de son gouvernement épiscopal. C'est que la Flandre, soumise à son autorité spirituelle, était peuplée de jansénistes. C'était là le foyer de leur zèle théologique. Fénelon, en tant qu'archevêque, ne pouvait pas rester indifférent à leurs entreprises. Il devait les combattre ou renoncer à ses fonctions, ce qu'il n'avait nulle raison de faire. Il nous semble donc que l'ardeur apportée par Fénelon dans cette controverse n'a pas dépassé ce qui non seulement était son droit, mais même son devoir.

Au reste, si, dogmatiquement et dialectiquement, Fénelon se montrait sévère pour les doctrines jansénistes, il faisait preuve dans la pratique de la plus grande douceur et d'une vraie tolérance à l'égard des personnes. Voici ce que dit Saint-Simon, témoin peu prévenu, comme on sait : « Fénelon fut toujours uniforme dans sa conduite. Les Pays-Bas fourmillaient de jansénistes ou de gens réputés tels. Son diocèse en particulier, et Cambrai même en était plein. L'un et l'autre leur furent des lieux de constant asile et de paix. Heureux et contents d'y trouver du repos, ils ne s'émurent de rien à l'égard de leur archevêque, qui, contraire à leur doctrine, leur laissait toute sorte de tranquillité. Ils se reposèrent sur d'autres de leur défense dogmatique, et donnèrent peu d'atteintes à l'amour général que tous portaient à Fénelon [1]. »

[1]. Malgré le témoignage de Saint-Simon, nous savions cependant que tout le monde ne jugeait pas aussi favorablement que lui la conduite de Fénelon à l'égard des jansénistes. Pour éclaircir ce point, nous nous sommes adressé à l'obligeance de notre collègue et ami M. Gazier, si profondément versé dans l'histoire des choses jansénistes du XVII° et du XVIII° siècle. Voici, en réponse à nos demandes d'informations, la lettre qu'il a bien voulu nous adresser et que nous reproduisons intégralement : « Saint-Simon est en général assez dur pour Fénelon ; peu s'en faut, dit Sainte-Beuve, qu'il n'ait fait de lui une de ses victimes. On lit pourtant, dans les *Mémoires* (année 1711, après la mort de Monseigneur), que ce prélat, si opposé au jansénisme, contre lequel il engagea de « grands combats de plume », laissa toujours « toute sorte de tranquillité » aux « jansénistes ou gens réputés tels » dont le diocèse de Cambrai « était plein ». Le fait est d'autant plus curieux que Fénelon, depuis la publication de certaines de ses lettres à Seignelay, ne peut plus être proposé comme un modèle de tolérance ; sous ce rapport comme sous beaucoup d'autres, il était de son siècle. Mais ces contradictions s'expliquent si l'on prend la peine de lire sa correspondance en rapprochant les unes des autres des lettres qui semblent avoir été éparpillées à dessein, et surtout si l'on étudie les pièces d'archives qui ont trait à cette affaire, particulièrement les lettres conservées dans les archives du Vatican. Ces lettres, transportées à Paris par ordre de Napoléon, en 1810, ont été copiées, en 1814, avant d'être renvoyées à Rome, et elles jettent un jour tout à fait nouveau sur la conduite du prélat. Elles prouvent jusqu'à l'évidence qu'il paya largement tribut à la faiblesse humaine. Ennemi irréconciliable de ceux qui avaient poursuivi sa condamnation, il voulut goûter le plaisir de la vengeance. Il tenta d'abord de faire anathématiser le théologien Habert, ami particulier de Noailles, puis il s'attaqua, de concert avec les jésuites, que Noailles avait blessés au cœur, au *Nouveau Testament* de l'oratorien Quesnel, publié depuis plus de trente ans, approuvé à plusieurs reprises par Noailles, et défendu par Bossuet. « Le silence

Même douceur à l'égard des protestants. Fénelon était opposé aux mesures de violence : « Le bruit public de ce pays est que le Conseil, sur les affaires des huguenots, ne prend que des partis de rigueur. *Ce n'est pas le vrai esprit de l'Évangile.* » Il donna la preuve de cette tolérance dans diverses circonstances, entre autres celle-ci : des paysans proches des frontières passaient pour nouveaux convertis et suivaient en apparence le culte catholique, puis ils passaient la frontière pour aller assister aux actes de leur ancienne religion. Fénelon, désolé de cette profanation sacrilège, leur fit obtenir des passeports pour passer à l'étranger, ce qui était alors une grande faveur, car on interdisait sévèrement l'abandon du territoire.

dans l'Église était, dit Saint-Simon, le partage naturel d'un évêque dont la doctrine avait été solennellement condamnée. Il avait trop d'esprit pour ne le pas sentir, mais il eut trop d'ambition.... » A l'ambition se joignait le désir de se venger. Lorsque la bulle *Unigenitus* parut, Fénelon s'écria : « Cent une propositions condamnées, quelle honte pour les approbateurs d'un tel livre! » et il demanda que les approbateurs fussent condamnés aussi, et il poussa Noailles dans ses derniers retranchements, prodiguant les lettres, les démarches de toute sorte, les mémoires, les dénonciations même. Il avait si bien manœuvré que Louis XIV, si fort prévenu contre lui, était sur le point de le rappeler, quand il mourut en janvier 1715, à la porte du comble de ses désirs. Il ressort en effet des lettres conservées au Vatican que pour vaincre les résistances de Noailles, le roi devait assembler un concile national chargé d'excommunier et de déposer cet archevêque de Paris. Le président de ce concile devait être Fénelon, qui acceptait et pour lequel on demandait la pourpre. Ainsi s'explique le mot de Louis XIV apprenant sa mort : « Il nous manquera bien au besoin ».

Une autre partie importante de la vie de Fénelon à Cambrai fut sa noble et généreuse conduite pendant la guerre. Voici, suivant M. Emmanuel de Broglie, les principaux traits de ce tableau : « Lorsqu'en 1708, la guerre fut reportée par nos défaites jusque dans les environs de Cambrai, la charité de Fénelon s'étendit avec les besoins, et ses aumônes devinrent plus abondantes. Le clergé de campagne, ne vivant que de la dîme, était entièrement ruiné, et dans l'impossibilité de fournir à l'État les dons extraordinaires imposés par la guerre. Fénelon prend la taxe à son compte, et l'acquitte de ses deniers. L'année suivante, après Malplaquet, Cambrai fut rempli de pèlerins et de fuyards qui s'y réfugièrent en foule avec leurs troupeaux. Fénelon ouvrit toutes grandes les portes de son palais. Tout fut occupé. Les cours et les jardins furent remplis de bestiaux et de bêtes à cornes soustraites au pillage des troupes ennemies. Fénelon nourrissait ce monde à ses dépens, disant : Dieu nous aidera. Puis ce fut le tour des officiers et des soldats blessés. Fénelon ouvrit encore sa maison; il eut 150 personnes à sa table. Il fit évacuer son séminaire pour y mettre les blessés, qui furent soignés à ses dépens. Il fournissait en même temps aux armées françaises du blé qui, après le terrible hiver de 1709, les empêcha de mourir de faim. Même les ennemis n'échappèrent point à sa bienfaisance : « Il s'acquit, dit Saint-Simon, l'amour des ennemis par ses soins pour les personnes retenues à Cambrai, logeant aussi chez lui les officiers ennemis, et répandant ses libéralités sur leurs soldats comme sur les nôtres, en sorte que les chefs de leurs troupes, le prince Eugène et le duc de Marlborough, lui marquèrent sans cesse leur attention en toutes choses, jusqu'à ne point fourrager ses terres, à épargner celles qu'il leur faisait recommander. » Par là, les terres de l'archevêque de Cambrai devinrent des lieux de refuge pour les paysans; et ces terres bien cultivées fournirent du blé en abondance que Fénelon mit à la disposition de l'armée, et qui ne lui fut jamais payé. « Il est incroyable, dit Saint-Simon, jusqu'à quel point son nom et sa réputation furent portés par cette conduite. Le roi, qui ne la pouvait ignorer, et à qui tant d'applaudissements déplaisaient, et Mme de Maintenon encore davantage, ne put s'empêcher de lui faire dire plusieurs fois qu'il lui savait gré des secours qu'il donnait à ses troupes. »

La plus importante circonstance qui ait signalé les dernières années de la vie de Fénelon, ce fut d'abord l'avènement subit du duc de Bourgogne, son élève, au rôle de dauphin, et au bout de six mois, la mort de ce prince avec qui s'évanouissaient toutes les espérances de Fénelon pour le pays et peut-être aussi pour lui-même. La mort de Monseigneur, racontée si tragiquement par Saint-Simon, avait mis fin au rôle subordonné et timoré du duc de Bourgogne. Il était devenu l'idole de la cour. Louis XIV l'avait associé au gouvernement. La petite église du duc de Beauvillier et de Chevreuse, si longtemps suspecte et menacée pour sa fidélité à Fénelon, redevint, au contraire, l'étoile des courtisans. Fénelon, à Cambrai, eut le contrecoup de cet éblouissement général. On savait le rôle qu'il jouerait sous le futur prince, et la faveur lui revenait. Tout passa par Cambrai. Fénelon continua à correspondre avec le jeune prince et à lui donner les conseils que demandait sa jeunesse. Puis on se réunit pour préparer des plans de gouvernement; nous avons résumé ce que l'on appelle les *Tables de Chaulnes*. Tout se préparait pour un nouveau règne, jeune, brillant, généreux, où devaient régner le patriotisme, la paix et la vertu. Un coup terrible vint couper court à toutes ces espérances. La duchesse de Bourgogne mourut après une courte maladie; et peu de jours après, le duc de Bourgogne, à son tour, atteint d'une maladie inconnue, et comme s'il eût perdu l'âme de sa vie, mourut lui-même le 16 février 1712, non sans quelque soupçon de poison, soupçon que Fénelon lui-même n'écartait pas tout à fait. Quelle péripétie! Quelle révolution mystérieuse, venant tout à coup substituer au règne de la vertu le règne du vice, au duc de Bourgogne le Régent! Quel coup surtout pour Fénelon si frappé déjà par l'exil, par la persécution, et auquel un rayon de lumière inattendu paraissait avoir un instant rouvert le chemin de la cour et de la fortune! Quelle lutte dans cette âme entre les derniers regrets incompressibles d'une ambition profane et légitime, et les humbles, les nobles soumissions de la piété chrétienne ! Pour le coup il connut la vanité des vanités humaines, la chute des illusions trompées, les tristesses d'une vieillesse sans espoir, sans remuement et sans plaisir. L'amour de Dieu, pour lequel il avait tant souffert, lui devait sans doute rendre la consolation et le courage en de si tristes conjonctures. Qui croirait que c'est après ces tristes épreuves, et quelques mois avant sa mort, que Fénelon composa cette belle *Lettre à l'Académie française*, si riante, si fleurie, si pleine de souvenirs païens et d'un tour si mondain et si aimable ? Les lettres sont les grandes consolatrices, dans un autre sens, mais avec non moins de douceur que la religion.

Fénelon ne survécut que très peu d'années à son élève. Le chagrin, les occupations, une constitution délicate avaient usé sa santé. Une circonstance malheureuse détermina un ébranlement fatal. Dans une de ses tournées épiscopales son carrosse versa. Personne ne fut blessé ; mais, dit Saint-Simon, « il aperçut tout le péril, et eut dans sa faible machine toute la commotion de cet accident. Il arriva incommodé à Cambrai. La fièvre survint ; et Fénelon vit que son heure était venue. Soit dégoût du monde si continuellement trompeur pour lui, et de sa figure qui passe, soit piété entretenue par un long usage, il parut insensible à tout ce qu'il quittait et uniquement occupé de ce qu'il allait trouver, avec une tranquillité et une paix qui n'excluaient pas le trouble, et qui embrassaient la pénitence, le détachement et le soin unique des choses spirituelles, et enfin une confiance qui ne faisait que surnager à la crainte et à l'humilité. »

Fénelon tomba malade le 1ᵉʳ janvier 1715; il mourut le septième de la même année, huit mois avant Louis XIV. Nous avons un récit touchant de cette mort par un témoin oculaire. Ce récit est trop long pour être reproduit tout entier; nous en donnerons quelques extraits d'après l'*Histoire* du cardinal de Bausset [1].

« Cette maladie qui ne dura que six jours avec des douleurs très aiguës était une fièvre continue dont la cause était cachée. Pendant ces six jours entiers, il ne voulut être entretenu que de la lecture de l'Écriture sainte. Pendant les premiers jours on ne déférait que par intervalles à ses instances, on craignait que l'application qu'il portait à cette lecture n'empêchât l'effet des remèdes et n'aigrît son mal. On ne lui lut d'abord que le livre de *Tobie*; et peu à peu on y ajoutait, suivant les occasions, quelques textes sur la fragilité des biens qui passent et sur l'espérance de ceux qui durent à jamais.

« Il se fit porter de la petite chambre qu'il occupait habituellement dans la grande chambre. Il désira que tous les membres de son chapitre pussent y entrer et être présents à cet acte de religion avant de recevoir le viatique, il adressa à tous les assistants quelques paroles d'édification que je n'ai pu

---

1. Tome IV, liv. 8, p. 376.

entendre, me trouvant alors trop éloigné de son lit.

« Dans l'après-midi du quatrième jour de sa maladie, M. l'abbé de Beaumont et M. le marquis de Fénelon, ses neveux, arrivèrent en poste de Paris; il éprouva une sensible consolation en les voyant; il leur demanda qui leur avait donné l'alarme; la douleur ne leur permit pas d'articuler un seul mot; ils se contentèrent de montrer M. l'abbé de Fénelon qui se trouvait à Cambrai lorsque la maladie se déclara.... Ils avaient pris la précaution d'amener avec eux le célèbre Chirac qui conféra immédiatement avec les médecins du pays; ils convinrent de le faire saigner une seconde fois, et de lui donner l'émétique; l'effet en fut prompt et parut d'abord le soulager; mais on reconnut bientôt que le mal était plus fort que les remèdes.

« Il souffrit beaucoup le reste du jour et pendant sa dernière nuit; mais il se réjouissait d'être semblable à Jésus-Christ souffrant.... La fièvre redoublait par intervalle et lui causait des transports dont il était peiné, quoiqu'il ne lui échappât jamais rien de violent ni de peu convenable. Lorsque le redoublement cessait, on le voyait aussitôt joindre les mains, lever les yeux vers le ciel, se soumettre avec abandon et s'unir à Dieu avec une grande paix.

« Je suis encore attendri quand je pense au spectacle touchant de cette dernière nuit. Toutes les personnes de sa pieuse famille qui étaient réunies à Cambrai, vinrent l'une après l'autre dans ces intervalles de pleine liberté d'esprit demander et recevoir sa bénédiction. Quelques autres personnes de la ville se présentèrent aussi; ses domestiques vinrent ensuite, tous ensemble, en fondant en larmes. M. l'abbé Le Vayer la reçut aussi pour le séminaire et pour le diocèse. M. l'abbé Le Vayer récita ensuite les prières des agonisants, en y mêlant des paroles courtes et touchantes de l'Écriture.... Il expira doucement à cinq heures et demie du matin, le 7 janvier 1715.

« Nous croyons que notre saint et pieux archevêque est mort saintement comme il a vécu.... On ne trouva point chez lui d'argent comptant; les pertes et les grandes dépenses que lui avait causées le voisinage des armées pendant les trois dernières campagnes, sans qu'il eût rien absolument retranché des aumônes qu'il faisait aux couvents de cette ville, aux pauvres ordinaires de son diocèse, aux filles de la Charité pour les pauvres malades, aux paroisses qu'il visitait, aux étudiants de son diocèse, et à une multitude d'autres personnes, avaient absolument épuisé ses revenus. Il n'a rien laissé à sa famille du prix de son mobilier ni des arrérages qui lui sont dus par ses fermiers.... »

La mort de Fénelon eut un retentissement prodigieux en Europe, où ses vertus et son génie étaient admirés plus encore qu'en France. On ne sait quelle impression sa mort produisit sur Louis XIV. Le mot qui lui est attribué : « Il nous manquera bien au besoin », ne paraît pas s'appuyer sur des témoignages bien authentiques. Mme de Maintenon parle de lui dans une lettre à Mme de Caylus dans des termes qui paraissent bien froids : « Je suis fâchée de la mort de M. de Cambrai; c'est un ami que j'avais perdu par le quiétisme; mais on prétend qu'il aurait pu faire du bien dans le Concile, si on pousse les choses jusque-là. » Peut-être est-ce à cette dernière hypothèse que le mot de Louis XIV, s'il est vrai, faisait allusion. Ce qui est certain, c'est qu'une grande gloire disparaissait qui pouvait briller encore un certain temps; car Fénelon n'avait que soixante-cinq ans. Saint-Simon paraît croire que le duc d'Orléans l'eût appelé aux premières places. Qu'eût pu faire Fénelon à la cour du régent? Selon toute apparence, il eût refusé d'entrer dans les affaires; et il n'y a pas à regretter pour lui cette rentrée dans le monde, qui n'eût pas été en harmonie avec son âge et avec sa piété.

En parlant de ses chances de retour dans le monde et au pouvoir, Saint-Simon s'exprime sur Fénelon dans des termes assez durs : « C'est par cette autorité de prophète qu'il s'était acquise sur les siens, qu'il s'était accoutumé à une domination qui sous sa douceur ne voulait point de résistance. Aussi n'aurait-il point souffert de compagnons s'il fût revenu à la cour et entré dans le Conseil; une fois ancré et hors des besoins des autres, il eût été bien dangereux non seulement de lui résister, mais de n'être pas toujours pour lui dans la souplesse et l'admiration [1]. » Ainsi, malgré sa douceur et ses séductions, il pouvait bien y avoir dans Fénelon je ne sais quoi de dur et d'impérieux, qui se fût manifesté s'il était parvenu au pouvoir.

On en voit quelque chose dans ses lettres au duc de Bourgogne. Il n'eût pas été un conseiller commode pour un souverain. Il eût été exécré des courtisans. Ennemi du despotisme, il eût été peut-être despote pour le bien. Mais nous n'avons pas à juger ce qui n'a pas eu lieu, et Fénelon, par malheur ou par bonheur, a échappé à cette chance d'agrandir ou à ce risque de ternir son nom.

Malgré sa sévérité pour Fénelon, Saint-Simon est encore le témoin le plus favorable et qui nous laisse l'idée la plus noble de ce grand homme. Sur sa vie et son séjour à Cambrai, voici comment il s'exprime : « Ses aumônes, ses visites épiscopales renouvelées plusieurs fois l'année, la sagesse et la douceur de son gouvernement, ses prédications fréquentes dans les villes et dans les villages, la facilité de son accès, son humanité envers les petits, sa politesse envers les autres, ses grâces naturelles qui rehaussaient le prix de ce qu'il disait et faisait le firent adorer de son peuple, et les prêtres, dont il se déclarait le père et le frère, le portèrent tous dans leur cœur. Parmi tant d'art et d'ardeur de plaire, rien de bas, de commun, d'affecté, de déplacé; jamais de scandale, ni rien de violent

---

1. *Mémoires*, t. XI, p. 439.

contre personne; tout en lui et chez lui dans la plus grande décence[1]. » Que pourraient demander de plus les plus vifs admirateurs de Fénelon! Si tel était le langage d'un ennemi, que ne devait pas être celui des amis?

Pour conclure, rappelons quelques-uns des traits principaux qui se dégagent de la figure de Fénelon, telle que nous avons essayé de la peindre. Ce qui nous paraît surnager par-dessus tout, c'est la libéralité de l'esprit et surtout cette libéralité dans une âme croyante où rien n'a pénétré, à ce qu'il semble, du doute moderne et des inquiétudes de la libre pensée. Aussi attaché à la foi qu'aucun chrétien de son temps (sauf quelques points discutables de haute théologie), il a su joindre, avec une aisance parfaite, cette obéissance fidèle à l'autorité avec un goût vif et large pour le nouveau; il a pressenti les besoins de l'esprit moderne; il a pensé sur quelques points essentiels comme nous pensons nous-mêmes; il est un de nos contemporains. Le XVIIIe siècle a voulu l'accaparer; mais il était d'une nature trop fine pour ce siècle violent et grossier; il est mieux d'accord avec le nôtre qui est le siècle des nuances, des équilibres, des hardiesses tempérées par l'équité, par l'intelligence nette de toutes choses. Fénelon est un nuancé, un délicat, un esprit vraiment libre et vraiment ouvert. En toutes choses, il est pour la solution libérale, et nous dirions aujourd'hui avancée.

1. *Mémoires*, t. XI, p. 441.

En littérature, il a dépassé Boileau ; en théologie et en philosophie, Bossuet ; en politique, Richelieu et Louis XIV. Il est pour l'instruction des femmes, pour les tentatives nouvelles en littérature, pour le doute méthodique de Descartes, et pour la souveraineté nationale : en théologie et en philosophie il va jusqu'au surfin et au sublime. Il a osé dire aux rois les vérités les plus fortes ; et en particulier il a écrit au Roi de France la lettre la plus extraordinaire qu'on ait jamais vue : cette fois cependant il a manqué à son vrai génie en remplaçant la mesure et la délicatesse par la violence et par une dureté inopportune ; cette fois, mais cette fois seulement, le libéral est allé jusqu'au révolutionnaire.

Comme homme, il est permis de dire que Fénelon a été un personnage des plus compliqués. Il a été aimé et respecté par les plus grands de son temps ; il a été aussi combattu par les plus grands. Mme de Maintenon disait : « Je ne connais rien de franc comme M. de Cambrai ». Et Bossuet l'accusait de duplicité et d'hypocrisie : rabattons de ce jugement tout ce qui vient de la colère du combat ; il reste de la souplesse et de la finesse plus que n'en devrait avoir un saint ou un ange. Fénelon n'est ni un ange, ni un saint. Il a été homme ; il a été ambitieux ; c'était son droit ; il s'est défendu avec fierté, avec témérité et aussi avec habileté, quelquefois peut-être avec ruse. Mais tout cela est couvert par la grandeur de son exil et par sa noble existence d'archevêque. Le grand et le noble, voilà ce qui domine dans sa vie. La légende fénelonienne est, au fond, vraie comme toutes les légendes : il reste le personnage le plus séduisant et le plus enchanteur du xviie siècle : effacer et faire disparaître ce côté du Fénelon classique au profit d'un Fénelon de convention dont Saint-Simon aurait fourni les principaux traits, serait une injustice. Quand on juge les grands hommes, il faut, pour n'être pas dupe, faire quelque part à la malignité ; mais ce serait une triste philosophie, comme le disait Rousseau, que celle qui nous forcerait « d'avilir Socrate et de calomnier Régulus ».

FIN

NOTICE BIBLIOGRAPHIQUE

Traité de l'éducation des filles, composé en 1681, publié en 1687, in-12.
Traité du ministère des pasteurs, 1688, in-12.
Explication des maximes des saints, 1697, in-12. La meilleure édition est celle de Bruxelles, 1698, in-12.

Tous les ouvrages de controverse sur la question du quiétisme, et notamment les réponses ou répliques de Fénelon à Bossuet, ont paru en 1697 et 1698. On en trouvera l'énumération dans le tome IV des œuvres de Fénelon (édition de Versailles); avertissement de l'éditeur.

Aventures de Télémaque. Après avoir accordé le privilège pour l'impression de ce livre, Louis XIV le fit suspendre lorsqu'on était à la page 208. Cette première édition (1699) porte le titre de : *Suite du IVe livre de l'Odyssée* et ne comprenait que quatre livres et demi. La même année, parut l'ouvrage complet en cinq parties. Dans les éditions suivantes, la division en livres était tout à fait arbitraire. En 1717, le neveu de Fénelon donna une édition en vingt-quatre livres, avec une dissertation de Ramsai sur la poésie épique.

Ce fut le modèle de toutes les éditions qui suivirent et qui sont innombrables. On signale surtout, en 1799 (an VII), une édition de Bosquillon avec variantes, notes critiques et historiques des éditions précédentes; et celle de M. Adry (1811) avec un texte corrigé soit sur les manuscrits, soit sur les meilleures éditions, avec l'indication des critiques, satires, apologies, parodies, traductions et imitations de l'ouvrage. Les traductions étrangères sont innombrables.

Dialogues des morts, 1714, in-12. L'édition de 1718 (2 vol.), donnée par Ramsay, en contient un plus grand nombre. Les dialogues entre *Parrhasius et Paulius, Léonard de Vinci et Poussin* parurent en 1730, à la suite de la vie de Mignard par l'abbé de Mouville; les autres en 1787, dans l'édition in-4° des œuvres de Fénelon.

Dialogues sur l'éloquence en général et sur celle de la chaire en particulier, avec une lettre à l'Académie française, publiés par Ramsai en 1718, in-12.

Œuvres spirituelles (Anvers, 2 vol. in-12, 1718, et Rouen, 1720, 4 vol. petit in-12), comprenant les *Lettres spirituelles*.

Examen de la conscience d'un roi, imprimé pour la première fois à la suite du *Télémaque* de Hollande, 1734, réimprimé à Londres et la Haye en 1747, in-12, sous le titre de *Directions pour la conscience d'un roi*.

Lettres sur divers sujets concernant la religion et la métaphysique, au nombre de cinq, 1718.

Démonstration de l'existence de Dieu tirée de la connaissance de la nature et proportionnée à la faible intelligence des plus simples, 1713, in-12, avec une préface de P. Tournemine qui fut désapprouvée par Fénelon. En 1718 parut une édition complète avec les deux parties.

Recueils de sermons choisis sur différents sujets, 1710, in-12. (Ils ne sont pas tous de Fénelon.)

Essai sur le gouvernement civil, rédigé par le chevalier de Ramsay d'après les conversations de Fénelon avec le Prétendant Jacques III (Londres, 1721).

COLLECTION DES ŒUVRES

Pendant longtemps il n'y a pas eu d'éditions complètes de Fénelon; mais il y a eu des collections plus ou moins complètes.

1° *Œuvres* de Fénelon, en neuf volumes in-4°, Paris, Didot, 1787-1792, par l'abbé Gallard et l'abbé de Querbeuf, avec une *Vie* de Fénelon par ce dernier.

2° Édition de 1810, en 10 vol. in-8° ou in-12.

3° Édition de Toulouse, 19 vol. in-12, plus complète que les précédentes, 1809-1811.

4° Édition de Besançon, 27 volumes (1827), encore incomplète.

5° Édition de Versailles (1820-1830), chez Lebel. 23 volumes d'œuvres; 11 vol. de Correspondance.

6° Édition de Saint-Sulpice (10 vol. grand in-8°), plus complète que les précédentes. (Paris, 1851 et 1852, Chez Leroux, Jouby et Gaume.)

SUR LA VIE ET LA PERSONNE DE FÉNELON

1° *Histoire de la vie et des ouvrages de Fénelon* par le chevalier de Ramsai (Londres, 1723).

2° *Abrégé* de l'ouvrage de Ramsai par le marquis de Fénelon.

3° *Vie de Fénelon* par le P. Querbeuf en tête de son édition (1787-1792).

4° *Histoire de Fénelon* par le cardinal de Bausset, 1808, 3 vol. in-8°, 1827, 4 vol. in-18. Mise en tête de la grande édition de Versailles.

TABLE DES MATIÈRES

CHAPITRE I
La jeunesse de Fénelon 5

CHAPITRE II
« De l'éducation des filles » 19

CHAPITRE III
Fénelon précepteur du duc de Bourgogne 36

CHAPITRE IV
Fénelon et Mme Guyon 52

CHAPITRE V
Bossuet et Fénelon 78

CHAPITRE VI
Fénelon directeur de conscience 107

CHAPITRE VII
« Télémaque » 122

CHAPITRE VIII
La politique de Fénelon 135

CHAPITRE IX
Fénelon philosophe 151

CHAPITRE X
Fénelon critique littéraire............................ 164

CHAPITRE XI
Fénelon a Cambrai...................................... 179

Notice bibliographique................................. 201

Coulommiers. — Imp. Paul BRODARD.

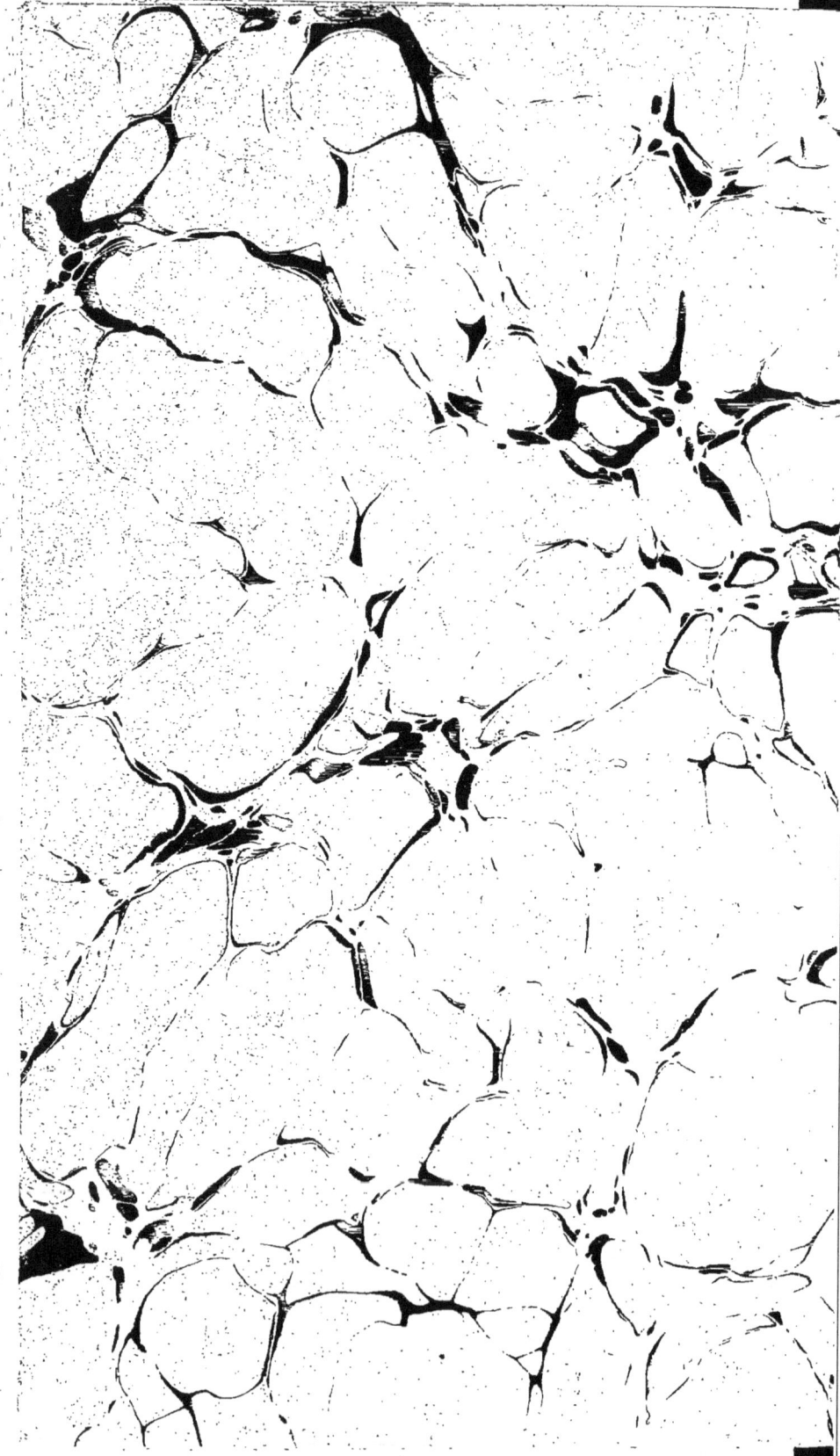

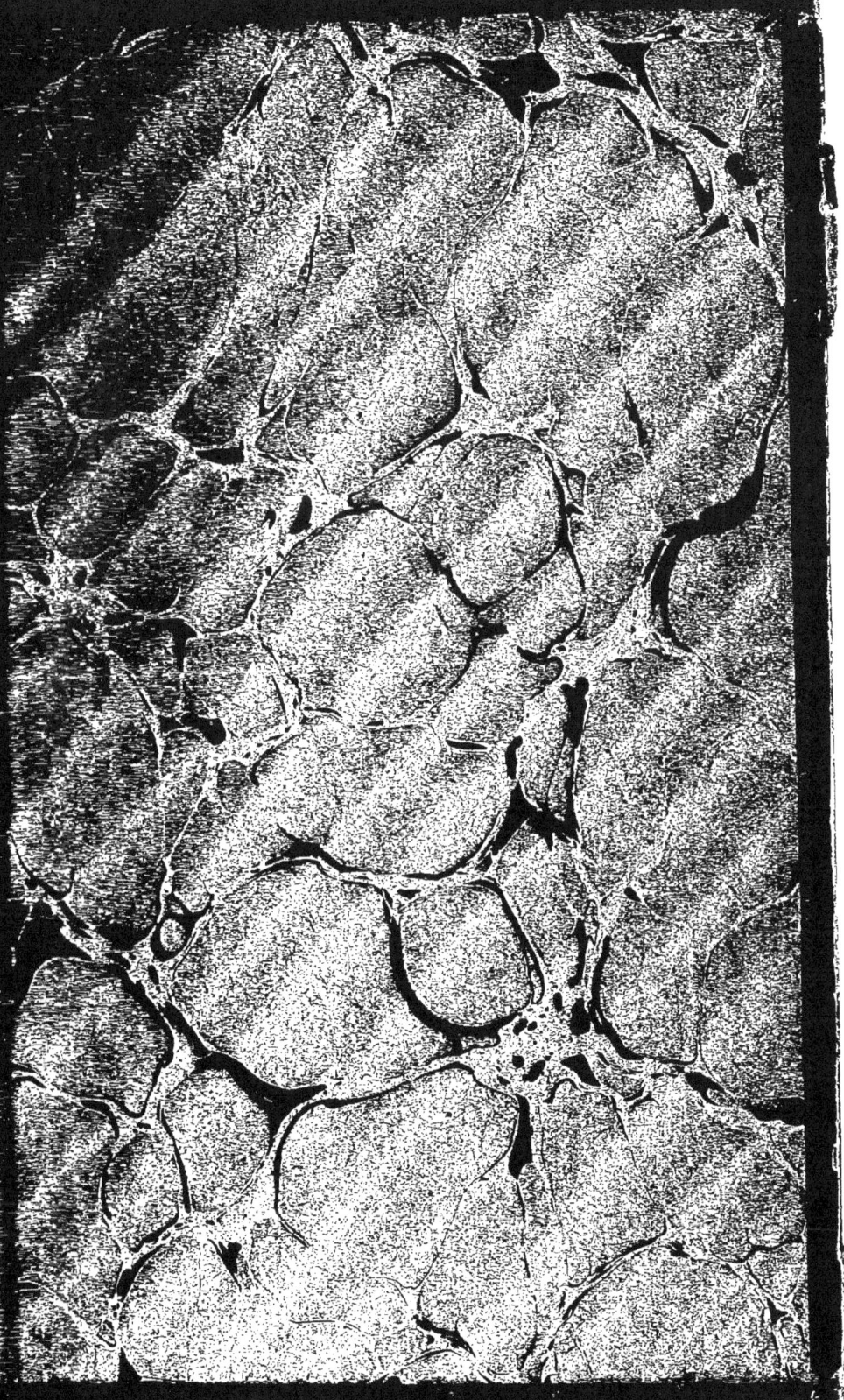

www.ingramcontent.com/pod-product-compliance
Lightning Source LLC
Chambersburg PA
CBHW051918160426
43198CB00012B/1945